그림책과
숲놀이

그림책과 숲놀이

박은실 · 오유미 · 권은경 · 한선희 · 신윤희

KNOWLEDGE COMMUNITY 공동체

숲으로 들어가며....

숲을 좋아하고 그림책을 좋아하는 이들이 모였습니다. 행사 위주의 보여주기식 숲 교육이 아닌 유아 중심, 놀이 중심의 숲놀이가 되기 위해 노력하는 이들이 모였습니다. 자연이라는 공간이 유아의 놀이를 발현시켜 주는 가장 중요한 곳임을 공유하고, '아이들에게 자연을 선물하자!'라는 말을 실천하고자 5인이 모여 '아이랑숲'이 되었습니다.

'그림책과 숲놀이'는 특별하지 않을 수 있습니다. 하지만 아이의 시선으로, 그리고 아이들이 살아가며 꼭 필요한 시각으로 숲을 마주하게 해주고 싶었습니다. 그동안 유아교육현장에서, 그리고 숲에서 아이들을 만나 실제로 놀이했던 것들을 정리해 보았습니다. 계절의 흐름에 맞는 그림책을 선정하고 어떻게 자연을 만날지, 어떤 놀이를 할지, 숲에서 그치는 것이 아니라 교실로 들여오기 위한 과정을 담고 있습니다.

아이들이 자연을 즐겁고 신비롭게 만날 방법은 무엇인지, 그리고 어떻게 하면 교사와 부모가 함께 즐기고 숲에 감동을 할 수 있을지 고민을 해나갔습니다. 그동안 현장에서의 경험을 녹여내고 정리하며 "그래, 이거야! 숲은 이렇게 만나야지.", "이거 정말 좋은 아이디어인데요?" 서로를 격려하고 배우는 시간이 되었습니다. 그리고 2023년 봄부터 사계절 '그림책과 숲놀이' 교사 연수를 통해 많은 선생님과 경험을 함께 공유해 나가고 있습니다.

저희의 기록이 숲으로 가는 마중물이 되었으면 좋겠습니다. 어려운 숲이 조금은 친근하고 다가가기 쉬운 숲이 되었으면 좋겠습니다. 한 장 한 장 읽다 보니 빨리 아이들과 숲으로 가고 싶어지는 책이 된다면 더할 나위 없이 행복할 것입니다. 오늘도, 내일도 그림책을 꾸준히 발견하고 숲으로 가는 걸음을 게을리하지 않을 것입니다.

이 책이 나오기까지 서울부터 제주까지 흩어져 있는 우리 편집위원들은 그 먼 거리를 뛰어넘어 서로 수업하고 고민해 오던 것을 함께 풀어보고자 마음을 내어주었습니다. 우리는 여러 힘든 상황들을 극복하고, 서로를 성장시켰습니다. 서로에게 감사를 전합니다. 또한 이 책을 함께 만들기 위해 빛나는 아이디어를 보여주며 애써주신 아이랑숲 편집 디자이너였던 최나라에게도 감사를 전합니다. 실제편 각 장의 서문을 숲에서 느낀 고운 시로 우리에게 선물해 준 서아, 성민, 예록이에게도 고마움을 표합니다.

저희를 응원해 주시고 '아이랑숲'과 함께해 주시는 총신대학교 김정희 교수님, 송곡대학교 허수향 교수님, 공동육아 이말순 선생님 진심으로 감사드립니다.

마지막으로 이 책이 나오기까지 아낌없는 지원을 해주신 공동체 김동훈 대표님과 김원희 전무님 이하 편집진의 노고에도 감사를 전합니다.

이 책을 들고 계신 여러분의 발걸음이 아이랑 숲으로 가주시는 것만으로도, 멋진 선물이 시작될 것입니다!

아이랑숲 저자 일동

차례

Contents

Part 1 이론편

Chapter 01 그림책과 숲

Chapter 02 그림책과 숲놀이

Part 2
실제편

Part 1

이론편

① 그림책과 숲

② 그림책과 숲놀이

Chapter

1

그림책과 숲

여러분은 숲에서 그림책을 읽어보신 적이 있나요? 살랑이는 바람, 따사로운 햇빛, 싱그러운 초록이 가득한 숲에서 책을 읽는 상상만으로도 편안하고 여유로운 풍경이 그려지실 거예요. 가정에서도 기관에서도 늘 그림책을 만나지만 숲에서 만나는 그림책은 더 특별함을 줍니다.

매력적인 환경이 주는 감흥도 있지만, 어떤 그림책을, 어떻게 만나는지에 따라 숲은 전혀 다른 세상을 만나게 해줍니다.

우리는 흔히 숲은 나무가 있고, 곤충과 동물들이 살며, 향기로운 꽃과 열매가 가득한 모습이라 생각합니다. 그런데 그림책 『숲이 될 수 있을까』[1]를 읽고 나니 작은 돌멩이도 숲이고, 뼈다귀 같은 나뭇가지도 숲이었습니다. 주변에 흔하다고 지나쳤던 자연물들이, 사실은 숲의 구성원이자 소중한 보물이었음을 그림책을 통해 다시 한번 되돌아볼 수 있었습니다. 이렇게 그림책은 숲을 친근하고 쉽게 다가가게 해줄 뿐 아니라, 소중함을 모른 채 놓치고 가는 자연물들과 미처 생각하지 못한 부분들을 다시 들여다보게 해주는 힘을 가졌습니다. 그래서 우리는 좋은 그림책을 만나고, 그림책을 통해 숲에서 놀고, 그리고 숲을 교실로 들여왔습니다.

1) 한유진(2017). 『숲이 될 수 있을까?』. 책고래.

1) 그림책은 감성으로 숲을 만나는 통로

많은 숲해설가와 교사, 그리고 학부모가 범하는 실수 중 하나는 숲에 대한 지식을 쉽게 전달하기 위해 그림책을 선택한다는 점입니다. 물론 그림책은 아이들이 좋아하고 쉽게 받아들일 수 있지만, 이러한 방법이 반복되다 보면 "또 그림책이야? 달팽이가 나온 거 보니 달팽이 보려나 보다."라고 아이들이 먼저 추측하고 숲에 대한 기대감이 떨어지게 만드는 요인이 되기도 합니다.

하지만 그림책으로 숲을 만나는 가장 큰 목적과 장점은 바로 감성으로 숲을 만날 수 있다는 것입니다. 아이들이 가장 좋아하고 주변에서 흔하게 만날 수 있는 들풀 중 하나인 민들레를 예로 들어보겠습니다. 민들레를 아이들에게 관찰하게 할 때 가장 먼저 하는 것은 아마도 토종민들레와 서양민들레를 구분하는 방법일 것입니다. 그리고 혀꽃(설상화)의 신비함을 이야기해 줍니다. 그러나 김장성 작가의 『민들레는 민들레』[2]는 민들레의 구조보다는 민들레가 살아가는 생명력, 그리고 나라는 존재로 살아가라고 말해줍니다.

'싹이 나도 민들레, 잎이 나도 민들레.'
'여기서도 민들레, 저기서도 민들레.'
'혼자여도 민들레, 둘이어도 민들레.'

본문의 내용처럼 싹이든 잎이든 씨앗이든 어떤 모습이더라도 민들레라는 존재는 달라지지 않습니다. 그리고 혼자여도, 둘이어도, 모두 함께여도 민들레입니다.

2) 김장성(2014). 『민들레는 민들레』. 이야기꽃.

이 책을 아이들에게 읽어주면 아이들은 산책길에 민들레가 어디에서 자라는지 여기저기 찾느라 바쁩니다. 노란 꽃이 피어야 민들레라는 것을 알았다면 이제는 어떤 모습이어도 민들레라고 말해줍니다. 또한 그림책에 나와 있는 것처럼 아스팔트 사이에서, 기와 사이에서, 바위틈에서 자라는 민들레를 발견하고 그 생명력에 감탄합니다. "우와~ 민들레가 바위를 뚫고 자랐어. 대단하다!" 그동안 아이들에게 민들레는 노란 꽃이고, 후~후~ 부는 놀잇감이었다면, 책을 읽은 후에는 작지만 커다란 생명력으로 자신을 잃지 않고 민들레로서 씩씩하게 살아가는 존재를 응원하는 모습을 보게 될 것입니다.

이순옥 작가의 『틈만 나면』[3]도 마찬가지입니다. 잡초라 일컫던 들풀들이 무심코 지나쳐버리는 수많은 틈 사이에서 자라나는 모습을 담담하면서도 강건하게 그려냈습니다. 모두 흑백으로 표현하고 작은 들풀만 컬러로 표현하면서 작은 들풀의 생명력에 울컥한 감동을 전해줍니다. 그리고 화려한 것에만 관심 갖는 우리에게 작은 것들도 놓치지 않고 바라봐야 함을, 빨리빨리 돌아가는 세상에서 천천히 집중해서 바라보는 시선도 필요하다고 말해줍니다.

장현정 작가의 『피어나다』[4]는 오랜 시간 동안 땅속에서 기다렸다가 뜨거운 여름날 더 뜨겁게 우화하는 매미의 모습을 아름다운 꽃이 피어나는 것처럼 표현합

3) 이순옥(2023). 『틈만 나면』. 길벗어린이.

4) 장현정(2023). 『피어나다』. 길벗어린이.

니다. 자연 관찰 책에서 그저 허물을 벗고 매미가 되는 한살이 과정에 집중했다면 『피어나다』는 매미가 온전히 날개짓을 하기까지 숨죽여 응원하는 나의 모습을 마주하게 합니다. 그리고 우리 동네 아파트 단지나 공원의 모습을 그린 듯한 그림 속에 숨어있는 매미 애벌레와 허물들을 발견하는 재미도 더해줍니다. 그림책을 읽은 후 매미를 만나면 마음이 뭉클하고 응원하게 될 뿐 아니라, 그림책처럼 꽃, 나뭇가지, 줄기 등 숲 구석구석 살펴보게 하는 눈을 길러줍니다.

2) 숲을 다양한 시각으로 바라보게 하는 통로

그동안 우리는 숲을 바라볼 때 한 방향으로 걸어가면서 눈높이에 있는 생명을 만납니다. 때로는 고개를 들어 하늘을 바라보기도 하고 땅을 내려다보기도 하지만 바로 눈앞에 보이는 자연의 변화와 생명에만 관심을 두는 데 초점을 맞추었습니다.

교육현장에서 가장 많이 사용하는 문구 중 하나는 '나, 너 그리고 우리'입니다. 내가 소중한 만큼 너도 특별하고 우리 모두 더불어 살아가야 한다는 의미입니다. 그러기 위해선 다양성을 존중하는 태도가 가장 중요합니다. 다양성을 존중한다는 것은 다양한 시각으로 상대를 바라볼 수 있는 눈을 기르고, 모두가 다를 수 있음을 인정하는 것으로, 그때 비로소 더불어 살아가는 숲이 될 수 있습니다.

그림책 『언제나 하늘』[5]은 언제나 우리 곁에 있던 하늘을 다양한 시각으로 표현해 주는 대표적인 그림책입니다. 눈으로 바라보는 하늘뿐 아니라, 거울에 비친 하늘, 고인 물로 보이는 하늘 등 하늘을 다양한 매체와 시각을 통해 바라볼 수 있음을 말해줍니다. 또한 시간의 흐름에 따라 변하는 하늘의 색을 사실적으로 표현해 주었습니다. 특히나 노을지는 하늘의 색을 바라보고 있노라면 아름답다 못해 울컥한 마음에 눈물이 핑 돌기도 합니다. 비가 와도 눈이 와도 하늘은 늘 우리 곁에 있었지만 우리는 그 소중함을 몰랐습니다. 늘 곁에 있었기에 당연하게 여겼을지도 모릅니다. 그림책을 통해 한 번 더 하늘을 바라보게 되고, 오늘의 하늘과 내일의 하늘이 다름을 기대하게 됩니다. 아이들과는 숲에서 누워 하늘을 보는 활동을 하기도 합니다. 나뭇잎 틈으로 들어오는 햇빛과 하늘을 바라보고 있노라면 감탄을 금치 못합니다. 이렇게 그림책은 다양한 시각으로 숲을 바라보게 해주는 아주 커다란 힘을 가지고 있습니다.

구멍 난 나뭇잎으로 보는 하늘

고인 빗물에 비치는 하늘

5) 조미자(2020). 『언제나 하늘』. 미래아이.

가을이면 많이 읽는 이지은 작가의 『빨간 열매』[6]도 또 다른 시각으로 숲을 표현합니다. 숲의 모습을 원근감을 통해 나타낼 뿐 아니라, 늘 가까이에서 바라보던 숲을 멀리서 그려내기도 하고 때로는 위에서 바라본 숲, 그리고 아래에서 올려다본 나무의 모습 등 우리가 생각지 못했던 숲을 넓게 바라보는 시각을 우리에게 전해줍니다. '자세히 보아야 예쁘다.'라는 시처럼 숲을 가까이 자세히 바라보았다면 그 시각을 넓혀 숲 전체를 바라보는 눈을 길러주는 것도 필요합니다.

3) 자연에서 놀이로 연결해 주는 통로

숲에서 그림책을 활용하는 가장 큰 이유는 그림책 그 자체가 자연 놀이로 연결해 주기 때문입니다. "그림책에 나온 것처럼 나도 놀고 싶다…."라는 동기를 부여할 뿐 아니라 책의 내용처럼 바로 놀이를 할 수 있습니다.

그림책 『흙이 좋아』[7]는 흙으로 할 수 있는 다양한 놀이를 그대로 담아냈습니다. 꾹꾹 흙 밟으며 놀아보고, 슥슥 흙바닥에 그림도 그리고 흙 속에 도토리를 숨기고

6) 이지은(2018). 『빨간 열매』. 사계절.

7) 개똥이(2021). 『흙이 좋아』. 보리출판사.

찾는 놀이 등 흙으로 할 수 있는 모든 것을 소개하고 있습니다. 우리가 알던 놀이와 함께 "어? 나도 저렇게 뱀길 만들어 봐야지." 하고 다짐도 하게 됩니다. 그렇게 책을 읽고 숲으로 가면 책에 나온 것처럼 그림도 그리고, 반죽해서 소꿉놀이도 하고, 물길도 만들면서 자연스럽게 놀이로 연결이 됩니다. 그뿐만 아니라 보슬보슬, 까끌까끌, 주르륵주르륵 등 놀이를 하며 흙이 가진 고유의 성질을 탐색하는 다양한 표현들을 글로 잘 풀어내고 있습니다.

다양한 종류의 흙

철벅철벅 흙을 밟아보자

아이들이 좋아하는 대표적인 자연 놀이는 소꿉놀이입니다. 꽃, 풀잎, 열매, 이끼 등 모든 재료가 놀잇감이 됩니다. 보석처럼 소중한 자연물을 고사리 같은 손으로 조물조물 만들어내는 그 모습은 얼마나 사랑스러운지 모릅니다. 소꿉놀이를 하고 싶게 만드는 『풀잎 국수』[8]는 더운 여름날 시원한 물냉면을 떠오르게 하는 책입니다. 아픈 친구를 위해 재료를 모으고, 깨끗이 씻어내고, 예쁘게 담아내어 선물하는 과정 자체가 아이들이 소꿉놀이하는 그 모습과 똑 닮았습니다. 둥글둥글하고 따뜻한 그림으로 표현한 풀잎 국수는 당장이라도 만들어 보고 싶고 먹고 싶은 충동을 일으킵니다. 물까지 섞어서 만들면 얼마나 싱그럽고 어여쁠까요?

---

8) 백유연(2020). 『풀잎국수』. 웅진주니어.

풀잎 국수

풀잎 주스도 함께 드세요

4) 다양한 표현 언어가 담겨있는 매개체

사람마다 자기 생각을 표현하는 방식은 모두 다릅니다. 작가는 글로, 화가는 그림으로, 음악가는 음악으로, 무용수는 신체로 표현하는 것처럼요. 이처럼 그림책에는 작가가 말하고자 하는 바를 언어, 시각, 신체, 음악 등 다양한 표현 언어로 그리고 있습니다.

로라 바카로 시거의 『세상의 많고 많은 초록들』[9]은 그 제목처럼 많고 많은 초록을 담고 있는 책입니다. 자연이나 숲을 떠올리면 단순하게 초록색이라고 말합니다. 하지만 이 책에는 누릇한 초록, 달빛 어린 초록, 싱그런 초록, 거뭇한 초록 등

9) 로라 바카로(2014). 『세상의 많고 많은 초록들』. 다산기획.

다양한 초록을 언어적으로 표현하고 있습니다. 우리는 대게 밝은 초록, 짙은 초록 등 명도나 채도에 따라 표현한다면, 작가는 자연에 대한 느낌과 감정을 담아 초록을 표현해 내고 있습니다. "어떻게 이렇게 표현할 수가 있지?" 하고 감탄할 만큼 세상엔 많고 많은 초록이 있었습니다. 그저 흔하다고 지나쳤던 초록을 자세히 바라보면 하나의 색이 아님을 작가는 우리에게 깨닫게 해줍니다. 이 책을 읽고 숲으로 가보세요. 아주 잠깐 걷기만 해도 손가락으로 꼽을 수 없을 만큼 다양한 초록잎들이 우리를 반기고 있을 겁니다.

세상에 많고 많은 초록들

그림책 『나는 나뭇잎이야』[10]는 몸짓과 시각적인 언어로 잘 표현한 책입니다. 그림을 그린 마리안나 발투치가 "그림은 세상과 소통하고 세상을 탐험하는 가장 좋은 도구"라고 말한 것처럼, 나뭇잎 그 자체의 생김새를 활용해 아이의 몸짓으로 주인공의 기분을 표현해 내고 있습니다. 바람처럼 날아갈 것만 같은 기분일 땐 나뭇잎도 날아가고 아이의 손끝과 발끝도 마냥 가볍기만 합니다.

또 퍼붓는 소나기를 만나는 기분일 때에는 나뭇잎이 우산이 되어 비를 피하게 해줍니다. 표지만 보아도 주인공의 다양한 동작들을 따라 하게 만드는 매력적인

10) 안젤로 모칠로(2021). 『나는 나뭇잎이야』. 현암주니어.

책입니다. 그리고 그 동작과 똑 닮은 나뭇잎을 찾아낸 것도 대단하고요. 아마 우리 어린이들은 작가보다 더 신기한 나뭇잎을 찾아내고, 또 그림보다 더 섬세하게 동작으로 표현하는 무용수가 될지도 모릅니다.

반짝이는 별 같은 나뭇잎

으악~ 코피다!

여름 숲에서 들리는 소리를 아름다운 우리말로 표현한 그림책 『여름 숲 모뽀리 소리』[11]에는 음악적인 언어가 가득합니다.

'햇살이 자글자글', '딱따구리는 딱따구르 따르르르', '매미는 짝을 찾아 맴맴 치르르르', '알을 낳은 도토리거위벌레는 쓱싹쓱싹'.

의성어와 의태어가 풍부하게 표현되어 있을 뿐만 아니라, 운율과 리듬이 있어 노래를 부르는 것 같은 착각이 들게 만듭니다. 비가 내리는 모습을 부슬부슬, 보슬보슬 두 가지를 함께 표현함으로써 미세한 차이가 있음을 우리에게 알려줍니다. 순우리말로 합창이라는 뜻의 모뽀리! 분명 글로 표현하고 있지만, 여름 숲의 합창

11) 우종영(2014). 『여름 숲 모뽀리 소리』. 파란자전거.

을 듣는 것 같은 착각을 불러일으킵니다. 음악적인 언어가 풍부한 그림책 마지막 장에는 노래도 실려 있어서 아이들과 흥얼거리며 여름 숲을 걸어도 좋을 것 같습니다.

5) 낯섦에서 출발하는 관찰의 시작

자연, 숲이라는 공간은 자주 접하지 못한 이들에게는 낯섦 가득한 공간일 뿐입니다. "숲" 하면 모기, 더러움, 벌레, 뱀 등을 떠올리며 막연한 두려움을 가진 경우도 꽤 많습니다. 앞서 말한 것처럼 어쩌면 익숙하지 않기에, 자세히 들여다보지 않았기에 두려움도 공존하는 것이 아닐까 생각합니다. 그림책은 이런 낯섦에서 출발하는 관찰의 시작을 이끌어 줍니다.

특히 거미나 애벌레는 숲을 공부하는 사람들조차도 무서워하는 경우가 많습니다. 맹독을 가졌다는 편견과 털이 부숭부숭한 모습에서 일단 거부감을 느끼게 됩니다. 이런 거부감을 친근감으로 바꿔주는 것이 바로 그림책입니다.

그림책 『무당거미 알록이』[12] 는 그 대표적인 예라 할 수 있습니다. 아기거미 알록이는 처음으로 독립해서 사냥에 나섭니다. 하지만 거미줄에 걸린 먹이(곤

12) 보리(2008). 『무당거미 알록이』. 보리.

충)들이 이유를 대며 풀어달라고 할 때마다 마음이 약해서 보내주곤 합니다. 그렇게 하나, 둘 놓아주고는 착한 일 했다고 엄마한테 자랑했지만, 혼만 나고, 배는 하염없이 고프기만 합니다. 분명 "거미는 독 있어서 싫어요!" 했던 아이들도 먹이를 놓아주는 알록이를 보면서 "어이구! 실띠를 잡아야지~" 하면서 알록이에게 한 걸음 다가갑니다. 책을 읽은 후 숲에 가면 나뭇가지, 들풀 사이 구석구석 살피다 무당거미를 발견하자마자 "알록이다, 알록아 안녕!", "이번에는 꼭 먹이를 잡아!" 하며 인사도 하고 말을 건넵니다. 물론 여전히 무서워 가까이 다가가진 못했지만 눈만큼은 알록이를 향해있었고, 어색한 미소를 지으며 보일 듯 말 듯 손을 흔들어 줍니다. 낯설고 마냥 무섭기만 했던 거미가 이제는 만나보고 싶고, 어떻게 집을 짓는지, 어떻게 사냥하는지 계속 지켜보고 싶은 존재가 되었습니다.

거미만큼 낯선 곤충이 있습니다. 바로 꿈틀거리는 모습과 많은 다리를 가진 애벌레입니다. 애벌레라는 소리만 들어도 "꺄~악!" 하고 소리 지르는 친구들도 있으니까요. 레오 리오니의 『꿈틀꿈틀 자벌레』[13]는 현명한 애벌레의 모습을 보여주는 그림책입니다. 나뭇가지에서 개똥지빠귀한테 잡아먹힐 뻔하다가 꼬리 길이를 재어준다며 위기를 모면하고, 그 후로 홍학의 목, 큰부리새의 부리, 꿩의 꼬리 등 새들의 몸을 재어주게 됩니다. 배

13) 레오 리오니(2003). 『꿈틀꿈틀 자벌레』. 파랑새어린이.

다리가 없어 '한치, 두치, 세치, 네치…' 꿈틀거리며 길이를 재어가는 자벌레의 그림이 흥미를 유발합니다. 마냥 무서웠던 자벌레의 모습을 몸으로 표현해 보고 싶기도 하지요. 이 책을 읽고 숲에 나가 자벌레를 만나게 되면 언제 그랬냐는 듯 자벌레의 움직임을 따라 숨죽이고 눈동자만 움직입니다. 그러다 나뭇가지인 척 멈추면 동시에 "우와~!" 하는 탄성도 내지릅니다. 물론 여전히 애벌레가 두려운 아이들은 "꺄악~~" 하고 소리 지르지만 두 눈과 가슴만큼은 자벌레에게 향하고 있는 모습을 보게 됩니다. 가까이 다가갈 수 없지만, 호기심은 가득한 그대, 애벌레!

『겨울눈 합창단』[14]은 미처 알지 못했던, 그래서 눈여겨보지 않았던 겨울눈의 존재를 다시 들여다보게 해주는 책입니다. 많은 사람은 화려한 꽃이나 무성한 나뭇잎, 탐스러운 열매가 있어야 나무라고 생각합니다. 모든 것을 떨구고 난 겨울나무에게는 어느 누구도 관심을 두지 않지요. 하지만 '도미나리 타다오', '모기 토오루이'의 사진을 보고 있노라면 겨울눈이 살아서 움직이는 것만 같습니다. 나무마다 개성 가득한 겨울눈과 잎이 떨어진 엽흔의 자국은 감정이 가득한 표정 같습니다. 그런 겨울눈 모습에 운율이 담긴 '초 신타'의 글은 정말로 겨울눈이 합창하는 것 같은 착각을 불러일으킵니다. 정말 겨울눈이 도깨비처럼 생겼는지, 찜질방에서 하는 양 머리 모양을 닮았는지 확인하러 아이들은 나무로 달려갑니다. 이 책을 통해 겨울 숲을 다니는 즐거움이 더해지며 나무는 모두 다르다는 걸 다시 한번 깨닫게 됩니다. 전혀 몰랐던 겨울눈의 존재를 강렬하면서도 감성을 토옥 토옥 건드려주는 그림책이 참 고맙습니다.

---

14) 長 新太 (1990). 『겨울눈 합창단 ふゆめ がっしょうだん』. 福音館書店.

겨울눈에 털이 가득해!

Chapter

2

그림책과 숲놀이

그림책을 통해 숲을 만났다면 이번에는 본격적으로 그림책을 숲에서 만나고 숲에서 놀아보려고 합니다. 이때 여러분은 어떤 생각이 가장 먼저 떠오르시나요? 아마도 '어떤 그림책을 들려줄까?' 하고 생각하실 거예요. 유명한 책, 새로 나온 책, 상을 받은 책 기준에서 선택하겠지만, 무엇보다 우리 아이들에게 가장 맞는 책을 선정하는 게 중요하겠지요. 그러기 위해선 몇 가지 생각해야 하는 부분이 있습니다.

아무리 좋은 책이라 할지라도 우리가 가는 숲과 다른 모습을 그리고 있다면, 우리 아이들의 언어로 담아내지 못한다면, 우리 아이들과 할 수 없는 놀이들을 담아내고 있다면, 그저 한낱 좋은 그림책으로만 남게 될 수 있습니다.

아이들의 감성을 토옥~ 토옥~ 건드려주는 그림책을 만나 숲에 대한 마음을 열고, 직접 숲으로 나가 자연물을 만나며, 그림책 속에서 느꼈던 그 감성을 토대로 새로운 모습을 발견하게 될 것입니다. 또한 관찰과 탐색을 통해 자연물을 알게 되고, 그 자연물로 숲에서 놀며, 몸으로 마음으로 숲을 느끼게 될 것입니다. 그리고 숲을 교실로 들여와 확장해 나가고, 다시 숲으로 연결 짓는 유기적인 숲놀이로 연계됩니다.

그래서 어떤 그림책을 선정해야 하고, 그림책을 언제 어떻게 활용할지, 그림책으로 어떻게 놀아야 할지, 그리고 놀이를 확장하는 방법을 생각해 봐야 합니다.

1) 그림책을 숲에서 만나는 시간

그림책으로 숲놀이를 할 때는 대개 처음 숲에 왔을 때 그림책을 읽어주며 시작합니다. 낯선 숲에서 안정된 마음을 주기도 하고, 숲에서 만날 생명에 대해 호기심을 불러일으키기도 하고, 오늘 주제에 대한 메시지가 되기도 합니다. 하지만 꼭 도입으로만 할 필요는 없습니다. 같은 그림책이라도 도입으로 사용할 수도 있고, 중간에 놀이로 활용하거나 다른 활동의 확장으로 연계할 수도 있습니다. 그리고 전체 숲놀이의 마무리로 활용할 수도 있습니다.

김장성 작가의 그림책 『나무 하나에』[1]로 예를 들어보겠습니다.

첫 번째로 『나무 하나에』 그림책을 도입으로 사용하는 경우입니다. 숲에 들어서는 초입에서 『나무 하나에』를 읽어주며 숲의 일과를 시작할 수 있습니다. 그동안 '늘 그 자리에 있는 나무'라고만 생각했는데 벌, 새, 애벌레, 다람쥐 등 많은 동물이 살아가고 있을 뿐 아니라 나뭇잎, 줄기, 그리고 나무 아래 땅속과 그 주변에 수많은 생명들이 살아가는 터전이었음을 알려줍니다. 그림책을 읽은 후 숲을 산책하면 나무마다 어떤 생명들이 살고 있는지 관심을 갖게 해줄 뿐 아니라 잎 뒤, 줄기, 가지 등 샅샅이 들여다보는 눈을 길러줍니다. 도입으로 시작한 그림책은 관찰의 시작이자 그 자체로 이 나무, 저 나무 찾아다니며 숲을 즐기는 이유가 됩니다.

1) 김장성(2007). 『나무 하나에』. 사계절.

두 번째로 그림책을 놀이나 또 다른 확장으로 사용하는 경우입니다. 숲을 산책하며 관찰을 충분히 한 후에 『나무 하나에』를 들려줍니다. 나무 하나에 어떤 생명들이 살아가고 있는지 그룹별로 나무를 정하고 조사해 보는 '한 그루의 나무왕국' 활동으로 연결할 수 있습니다. 나무와 나무 주변을 살펴보고 평소에 발견하지 못했던 것들을 발견하게 됩니다. 비슷한 공간 안에 있지만, 그룹별로 나무가 다르기 때문에 살아가는 생명도 조금씩 다름을 알아 갑니다. 또한 주변 자연물로 '우리가 만든 나무 하나에'를 만들어 보는 활동으로도 확장할 수 있습니다. 그동안 나무의 형태를 만들고 꾸미는 데 집중했다면 "나무에 누가 살까?", "새둥지는 어디에 있으면 좋을까?", "거미줄은 어떤 모양일까? 무엇으로 만들까?" 등 다양한 질문을 통해 나무 하나에 살아가는 생명을 자연물로 창의적으로 만들 수 있습니다. 그림책에서 보았던 '나무 하나에'와 '우리가 만든 나무 하나에'가 어떻게 비슷하고 다른지 비교하는 재미도 있습니다.

우리가 만든 나무 하나에

세 번째로 『나무 하나에』를 마무리로 들려주는 경우입니다. 숲을 산책하고 관찰하고 발견하고 놀이를 충분히 한 후 다시 원으로 돌아가기 전에 그림책을 들려줍니다. 그림책을 들으며 아이들은 우리가 만나고 놀았던 것들을 회상하고 그런 나무 하나가 숲에 이렇게나 많음에 절로 감사한 마음을 갖게 됩니다. 책을 읽은 느낌이나 숲에서 놀이한 느낌을 묻지 않아도 마무리로 들은 그림책 한 권만으로도 아이들에겐 큰 울림이 있습니다. 그리고 그 울림을 가슴에 안고 원으로 가는 내내 행복함이 가득 찰 것입니다.

2) 그림책을 선정할 때 고려할 점

그림책으로 숲놀이를 할 때는 아이들의 발달 수준을 고려해야 하지만 무엇보다 먼저 고려해야 할 것은 숲에 대한 경험치입니다. 처음 숲을 가는 아이들과 2년 이상 숲을 다닌 아이들이 숲을 대하는 태도와 시각은 그 깊이가 다릅니다. 숲을 처음 경험하는 아이들에게 가장 중요한 목표는 숲과 친해지는 것입니다. 그러려면 숲은 신기하고 환상이 가득한 동화의 숲이어야 합니다. 그리고 가득한 호기심으로 빨리 숲에 가고 싶은 마음이 들어야 하지요.

가정이나 기관 주변의 숲과 나무에 대해서 알아보려고 할 때를 예를 들어보겠습니다. 그림책 『숲이 좋아요』[2]를 단순하게 생각하면 나무의 이름을 알려주는 지식 그림책처럼 보입니다. 하지만 아이들에게는 나무의 이름을 유추하는 상상력과 문장들이 호기심을 유발하고 "정말 그럴까?" 하는 궁금증을 일으킵니다.

"쉬나무는 날마다 쉬~ 오줌을 누는 걸까?"
"돈나무는 돈이 수북수북 쌓여 있을까?"
"밤나무는 언제나 쿨쿨 자는 걸까?"

실제로 아이들에게 나무의 이름이 왜 그렇게 지어졌을지 물어보면 그림책의 내용과 비슷하게 말하는 경우가 많습니다. 작가는 아이들의 시선과 언어로 다양한 나무들이 있고 숲이 좋다고 말해주고 있습니다. 이 그림책을 아이들에게 읽어주면 아이들은 바로 말합니다. "선생님, 돈나무에 진짜 돈이 있는지 가봐요.", "쥐똥나무에 똥 달려있으면 어떻게 해요?" 당장이라도 숲에 가고 싶은 마음. 그게 가장 중요한 게 아닐까요?

반면에 2년 이상 숲을 경험한 아이들에게 숲이라는 공간은 이미 익숙하고 편안한 장소입니다. 그리고 숲에서 사계절을 지내며 나무를 충분히 탐색하고 자연물로 많은 놀이를 해보았습니다. 이렇게 경험이 많은 아이들에게는 숲을 다시 보고, 자세히 바라보게 해주는 『다 같은 나무인 줄 알았어』[3]를 들려주면 좋습니다. 언뜻 보

---

2) 김남길(2011). 『숲이 좋아요』. 바우솔.

3) 김선남(2021). 『다 같은 나무인 줄 알았어』. 그림책공작소.

기에 두 그림책은 비슷해 보입니다. 두 책 모두 나무는 다양하고, 이름도 다르고 생김새도 다르다고 말해줍니다. 하지만 『숲이 좋아요』는 즐거움과 호기심을 유발하는 데 그 목적이 크다면, 『다 같은 나무인 줄 알았어』는 나무의 생김새와 고유한 특징, 그리고 생태도 그려내고 있습니다.

"어디선가 풍기는 솜사탕 향기, 향기 따라 한 걸음 두 걸음 다가가서 알았어.
계수나무였다는 걸."
"나무들 사이로 휙휙, 날쌘 다람쥐 보고 알았지. 다람쥐네 도토리밭 참나무였다는 걸."

동네에 있는 나무지도가 그려진 마지막 장면을 보고 아이들도 우리 동네의 나무지도를 머릿속으로 그려내고 있을지도 모릅니다.

유아들이 협동으로 만든 우리 학교(원) 나무지도

3) 그림책으로 숲놀이를 하는 과정

앞서 그림책과 숲놀이를 할 때 그림책을 도입, 전개, 마무리로 다양하게 활용할 수 있다고 설명했지만, 기본적으로 숲을 만나고 놀이를 하는 과정은 크게 4단계로 진행해 보았습니다. '그림책 만나기 – 자연물 만나기 – 숲에서 놀아요 – 숲에서 교실로'입니다. 이는 숲을 감성적으로 안내해 주는 그림책을 만나 마음을 열고, 관찰과 탐색을 통해 자연물을 알고, 그 자연물로 다양하게 숲놀이를 하며 즐기게 되고, 숲에서 교실로 들어와 확장해 가는 흐름을 안내해 줍니다. 물론 이 모든 과정은 유기적으로 연결되어 있기에 하나의 과정이 될 수도 있고 순서가 돌고 도는 순환적인 구조이기도 합니다.

(1) 그림책 만나기

요즘은 공공도서관마다 북큐레이션이 잘 되어 있고, 조금만 검색해 봐도 생태 그림책에 대한 정보를 쉽게 얻을 수 있습니다. 그럼에도 불구하고 그림책 또한 유행과 시대의 흐름을 타기 때문에 반드시 직접 살펴보고 교육에 적용해야 합니다.

그림책을 고를 때는 몇 가지 고려해야 할 사항이 있습니다.

첫 번째로 계절의 흐름에 맞는 그림책을 선정하는 것이 가장 중요합니다. 그러기 위해서는 숲의 사계절 흐름을 알아야만 합니다. 단순히 사계절의 변화뿐 아니라 계절변화에 따른 꽃과 곤충의 관계, 애벌레와 새, 열매의 번식 전략 등 그들의 살아가는 방법과 생태에 대해 끊임없이 연구해야 합니다. 그러려면 숲을 좋아하고 자주 가보는 것만큼 중요한 것은 없습니다.

두 번째로 그림책을 선정할 때는 대상이 누구냐에 따라서도 달라질 수 있습니다. 연령과 발달에 따라, 숲의 경험 정도에 따라 맞는 그림책을 들려주어야 합니다.

세 번째로 지식 전달 위주의 책이나 학습만화의 영향으로 유행을 따라가는 그림책은 지양해야 합니다. 즐거움이란 요소는 중요하지만, 자연에 대한 지식이 가득한 자연 관찰 책과 유행어와 우스꽝스러운 삽화가 담긴 학습만화는 감성으로 만나야 하는 숲에 대한 감동을 반감시킬 수 있습니다.

네 번째로 생명의 소중함과 경이로움을 담고 있어야 합니다. 그림책을 통해 숲에서 살아가는 생명은 모두 소중하고 그들의 살아가는 지혜로움을 통해 우리의 삶에도 반영될 수 있어야 진정한 숲교육의 의의가 아닐까 생각합니다.

(2) 자연물 만나기

그림책을 읽고 자연을 만나러 가는 데 가장 중요한 건 탐색과 관찰입니다. '자세히 보아야 예쁘다. 너도 그렇다.'라는 시구절처럼 자연과 친해지려면 자주 보고, 자세히 보고, 제대로 보아야 합니다. 그러기 위해선 다양한 시각과 시선으로 바라보게 해주는 교사의 역할이 중요합니다. 『세상의 많고 많은 초록들』을 읽고 다양한 색의 초록을 찾아보고, 질감에 따른 초록도 찾아볼 수 있습니다. 그리고 잎의 앞, 뒷면이 다르고, 색과 향도 모두 다름을 발견할 수 있습니다. 이런 다름을 발견하고 찾고 오감으로 느껴보는 그 자체가 놀이가 될 수도 있습니다. 그

엽록소가 그린 초록

나무가 그린 초록하트

렇기에 탐색과 관찰이 숲놀이의 가장 중요한 부분입니다. 이런 과정을 통해 아이들은 숲과 친해질 뿐 아니라 놀이를 만들어내고 확장해 나가는 힘이 생깁니다. 그야말로 유아 중심의 발현적 숲놀이가 되는 것입니다.

(3) 숲에서 놀아요

충분한 탐색과 관찰이 이루어진 후에는 본격적으로 숲에서 놀이합니다. 『봄 속으로 풍덩』[4] 책을 통해 다양한 봄꽃을 찾아보고 관찰하였다면, 떨어진 봄꽃으로 '봄꽃 그림 그리기', '꽃핀, 봄꽃 매니큐어, 봄꽃 머리띠', '봄꽃 액세서리' 놀이를 합니다. 그리고 떨어진 꽃잎으로 '봄꽃 팝콘'을 만들며 신체활동으로도 연결할 수 있습니다. 이러한 놀이는 자연물의 특성을 알았기에 다양하게 놀이로 연계할 수 있는 것입니다. 또한 교사가 "일어나요, 일어나요, 봄이 왔어요. 꽃샘바람 꽃잎들을 깨우네." 하고 노래를 부르면, 아이들은 "알았어요, 알았어요, 지금 나가요~ 진달래꽃 분홍얼굴 내미네." 하고 노래로 대답하며 봄꽃을 찾아봅니다. 이처럼 놀이가 관찰이 되고, 관찰이 놀이가 되기도 하기에 '자연물 만나기'와 '숲에서 놀아요'는 따로 진행되는 것이 아닌 유기적으로 '관찰=놀이'가 될 수도 있음을 잊지 말아야 합니다.

분홍얼굴 진달래꽃 찾았다!

(4) 숲에서 교실로

그림책을 읽고, 자연물을 만나고 숲에서 노는 것에만 그치지 않고 확장활동으로

4) 주미경(2018). 『봄 속으로 풍덩』. 키즈엠.

실내로 들여오는 건 매우 중요합니다. 아이들이 더 알고 싶은 것은 원으로 들여와 더 자세히 알아볼 기회가 되며, 또한 원에서 진행된 활동이 다시 숲으로 연결될 수 있기 때문입니다. 예를 들어, 『흙이 좋아요』처럼 숲에서 흙으로 놀았던 경험을 교실 안으로 가지고 들어와 온갖 도전 놀이가 발현되기도 합니다. 이러한 시작은 만지기 싫었던 흙에 대한 거부감을 줄여주면서 한쪽 구석에 굳어져 관심을 받지 못해 버려질 처지에 놓인 딱딱한 흙에 관심을 불러옵니다. 딱딱한 흙을 만난 아이들은 망치로 두드리고 채로 긁어 보며 가루를 만들고, 또 그 가루에 물을 부어 흙물감을 만들고, 여기서 만들어진 흙물감은 재미있는 그림을 탄생시킵니다. 어느새 말라 딱딱해진 흙은 아이들의 온갖 실험놀이를 통해 점토로 다시 살아납니다. 교실로 들어온 숲놀이를 통해 아이들은 다양한 물질의 변화를 발견하고 탐색하고 관찰하고 도전하는 실험놀이를 하면서 자연과 더 가까워지고 교감하는 경험을 하게 됩니다.

반대로 원에서 찰흙으로 놀아본 후 숲에서의 흙은 어떻게 다른지, 다양한 흙으로 찰흙을 만들어보거나 지렁이 흙똥을 비교해 보는 것으로 진행될 수도 있습니다. 이처럼 '숲에서 놀아요'와 '숲에서 교실로' 또한 유기적으로 순환하는 관계이기에 떼려야 뗄 수 없습니다. 실외와 실내가 통합적으로 연계되었을 때 숲교육의 효과는 더욱 커질 수밖에 없습니다. 이는 원에만 그치지 않고 가정연계도 이루어진다면 자연이 일상으로 들어오는 데 한 걸음 더 나아갈 것입니다.

Part 2

실제편

Chapter

1

숲이 좋아요

숲속을 혼자_서아*

밤하늘 별이 반짝 반짝
바람은 불어오네
꽃들은 활짝피고
꽃향기 가득하네
나방은 나무를 빙빙 돌아 날아가요.
랄랄라~ 랄라
숲속을 혼자 걸어가도
나는 무섭지 않아요.
동물 친구들이 말을 걸고
부엉이들도 바람을 느꼈겠지

* 제주에서 살고 있는 초등학교 2학년 어린이- 방울꽃의 딸

숲이 좋아요

김남길 글, 김동영 그림/ 바우솔

아이들과 숲을 다니면서 가장 많이 듣는 말 중 하나가 "숲이 좋아요." 아닐까 합니다. 실내에서 경험하지 못했던 호기심을 자극하는 소리와 눈 앞에 펼쳐진 다양한 자연물들, 손과 발로 느껴지는 다채로운 촉감… 더불어 바람을 타고 날아든 향기는 코 끝에 맴돌아 온몸의 감각을 깨우곤 한답니다.

그래서 숲이 좋다는 것을 누군가 말로 하지 않아도 모두가 느끼는 것이죠.

이렇게 아이들이 숲이 좋아지면 관심이 생겨서 자연 친구들의 이름을 불러주고 싶어지는데요. 이때 이 책을 마주하면 무척 반갑게도 나무의 이름들을 재미있게 알 수 있습니다.

솔이는 엄마, 아빠와 함께 수목원에 갔어요
나무마다 알쏭달쏭한 이름표를 달고 있었죠.
밤나무는 언제나 쿨쿨 자는 걸까?
소나무에서는 소가 우물우물 솔잎을 뜯어먹는 걸까?
- 본문 중에서 -

어른들이 생각하는 나무의 이름과 달리 주인공인 솔이는 아이의 시선으로 나무의 이름을 유추합니다. 배나무는 둥둥 뜨는 배로, 오리나무는 꽥꽥 오리를 상상하는 것처럼요.

『숲이 좋아요』*는 숲을 처음 만나는 아이들에게, 그리고 숲을 조금 더 자세히 만나보고 싶은 아이들에게 시작으로 접근하면 좋은 책입니다. 그림책을 읽은 후 "우리 원(또는 공원)에 있는 소나무에 소가 있는지 찾아볼까?" 하면서 아이들에게 궁금증을 유발하는 거죠. 나무의 이름을 지식적으로 전달하는 것이 아니라 이름을 붙여주면서 자세히 바라보게 하는 큰 힘을 주는 책입니다.

우리 마을 숲속에서 만난 나무의 이름을 재미있는 말놀이로 함께 만들어 보며 즐거운 숲산책이 되시기를 바랍니다.

---

* 『숲이 좋아요』와 내용이 비슷한 『나무가 좋아요』 책도 참고해 보세요.

자연물 만나기

관찰 1

○○ 나무를 찾아요

우리 주변의 공간 속에서 살아가고 있는 나무들을 만나면서 숲놀이는 시작됩니다. 첫 만남은 공간을 산책하며 나무와 인사하고, 다르게 볼 수 있는 경험을 주면서 시작해요. 아이들과 주변의 나무를 다르게 보면서 찾을 수 있는 재미있는 방법. 아이들의 안전을 고려하여 공간을 정하고, 그 공간 중에서 '제일 키가 큰 나무', '뚱뚱한 나무', '뾰족이 나무', '키 작은 나무', '삼각형 모양의 나무' 등 미션을 주고 보물찾기하듯 나무를 찾아요.

자연물 관찰은 처음 만난 자연 공간을 탐색하면서 자연과 익숙해질 수 있도록 안내해 주는 첫 경험이 될 수 있을 거예요!

▲ 키가 가장 작은 나무

◀ 키가 가장 큰 나무

가장 뚱뚱한 나무

나랑 비슷한 굵기의 나무

생김새나 형태로 다양한 나무를 찾아보았다면 이번에는 겨울에도 늘 푸른 잎을 가지고 있는 나무를 찾아보세요. 초봄에는 나뭇잎이 많지 않기 때문에 늘 푸른 잎을 가진 나무와 구별하기 쉽답니다. 큰 키 나무인 소나무도 있고, 스트로브잣나무도 있지요. 아이들 눈높이에 있는 작은 키 나무인 사철나무, 회양목도 있고요.

소나무

사철나무

회양목

스트로브 잣나무

관찰 2

수피와 피목

나무의 전체 모습을 보았다면 이번에는 나무껍질(수피)을 오감으로 관찰해요. 초봄에는 꽃이나 잎이 없어서 나무를 식별하기가 어려워요. 하지만 나무껍질도 모두 다르다는 사실 알고 계셨나요? 울퉁불퉁, 매끈매끈, 다닥다닥 붙어있는 껍질이 모두 다르답니다. 나뭇잎, 꽃, 열매가 없을 때 더욱 자세히 보게 되는 나무껍질을 오감으로 만나보세요.

퍼즐조각처럼 갈라지는 느티나무

얼룩 덜룩 군복 같은 양버즘나무

너덜너덜 벗겨지는 산수유나무

매끈매끈 딱딱한 단풍나무

입술 모양이 숨어있는 왕벚나무

하얀 밀가루가 묻어나는 자작나무

나무가 숨을 쉰다고?!

나무껍질을 자세히 들여다보면 동글동글, 길쭉길쭉한 무늬들이 있어요. 바로 나무의 콧구멍인 피목이에요. 나무는 나뭇잎 뒷면에 있는 기공을 통해 호흡을 하지만 피목으로도 공기가 통합니다. 나무마다 서로 콧구멍의 모습이 다르니 아이들과 한번 찾아보세요.

보리쌀 같은 느티나무 피목

좁쌀 같은 먼나무 피목

숲에서 놀아요

놀이1

우리 원 주변의 나무를 찾아요

아이들과 유명하고 아름다운 숲을 찾아가는 것도 좋지만, 나와 가장 가까운 원 주변의 나무부터 친해지는 건 의미 있어요. 부모님과 등·하원하면서도 만날 수 있고, 또 언제든지 친구들과 살펴볼 수 있기 때문이죠. 꽃이 피었는지, 잎이 돋았는지, 열매는 맺혔는지, 또 익어가는지, 새가 먹었는지 등 늘 꾸준하게 지속적으로 만날 수 있기 때문이지요.

원 주변에 있는 나무 이름으로 아이들과 재미있는 말놀이를 책으로 만들어 보세요. 아이들의 언어로 만든 책은 『숲이 좋아요』 책과는 또 다른 느낌을 줄 거예요.

놀이 2

식물도감으로 놀아요

아이들이 가장 많이 접하는 책은 그림책이나 자연 관찰 책일 거예요. 도감이란 것을 처음 만나면 새로운 눈이 트이게 됩니다. 내가 찾는 식물을 자세히 볼 수 있게 해주고, 지금은 볼 수 없는 열매나 나뭇잎을 미리 만나볼 수도 있지요. 도감을 들고 숲으로 나가보세요. 내가 찾은 나무가 무슨 나무일지 더욱 관심을 가지게 되는 계기가 될 거예요.

TIP

- 식물도감에서 테마를 찾아보는 놀이를 해봐도 재미있어요.
  예 동물이 나오는 나무 이름 찾기- 소나무, 쥐똥나무, 오리나무
- 도감은 저자의 시각에 따라 담아내는 방식이 달라요. 다양한 도감을 지원해서 아이들마다 자신에게 맞는 도감을 찾아볼 기회를 주세요.
- 세밀화도감은 사진으로 볼 수 없는 부분을 세밀하게 그림으로 담았기에 유아들이 보기에 적절합니다. 사진도감과 세밀화도감도 같이 제공해 주세요.

놀이 3

재미있는 나무 이름 찾아 장단으로 놀아요

나무타령은 아이들이 즐겁게 부르는 노래 중 하나예요. 우리 민족의 언어유희가 그대로 담겨있고, 자진모리의 정겨운 가락에 맞춰 부르기에 좋은 짧은 말놀이 형식이라서 아이들의 입에서 맴돌죠. 특히 폭발적으로 언어발달이 이루어지는 유아기에는 어른들이 표현하는 말보다 재미있고 번뜩이는 언어들을 많이 만들어냅니다. 숲속을 아이와 함께 거닐며 나무를 관찰하면서 장단에 맞춰 주변의 나무 이름을 말해보세요. 더욱 흥겨운 산책길이 된답니다.

덩~ 덩~ 덩따쿵따(자진모리 장단에 맞춰 노래해요)

오자마자 가래나무
미안하다 사과나무
부들부들 사시나무
화가 나도 참나무
너하고 나하고 살구나무
대낮에도 밤나무
한푼 두푼 돈나무
삐까번쩍 광나무
국수 먹자 국수나무

*** 나무타령 원곡**

가자가자 감나무
오자오자 옻나무
바람솔솔 소나무
너하고 나하고 살구나무
방귀뿡뿡 뽕나무

TIP

- 나무의 이름으로 말놀이를 하는 방법은 단어의 뜻을 이해할 수 있는 유아기부터 활용하기에 좋습니다.
- 숲의 경험이 적거나 저연령의 경우 나무를 만져본 느낌이나 형태를 보고 떠오른 생각을 자진모리 장단에 넣어 우리만의 나무 이름으로 만들어 보는 시간을 가져도 좋아요.
  예 얼룩덜룩 젖소나무(모과나무)
  따끔따끔 바늘나무(찔레나무)

놀이 4

전래놀이로 놀아요

전래놀이는 특별한 도구 없이도 즐길 수 있는 장점이 있습니다. 그리고 함께하는 공동체성이 짙고 누구와 언제든 놀이할 수 있지요. 흥겨운 운율과 말놀이가 살아있는 전래놀이를 응용해 나무와 친해지는 시간을 가져보세요.

1. '어디까지 왔니' 놀이 변형

어디까지 왔니? 아직 아직 멀었다.
어디까지 왔니? 개울 건너 왔다.
어디까지 왔니? 담 밑까지 왔다.
어디까지 왔니? 삽짝까지 왔다.
어디까지 왔니? 마당까지 왔다.
어디까지 왔니? 마루까지 왔다.
어디까지 왔니? 아랫목에 왔다.
다 왔다 눈 떠라 (말하듯이)

출처 : 동무 동무 씨동무

| 놀이 예 |

어디까지 왔니? 아직 아직 멀었다.
어디까지 왔니? 소나무 앞에 왔다.
어디까지 왔니? 개나리 앞에 왔다.
어디까지 왔니? 단풍나무 앞에 왔다.
어디까지 왔니? 다 왔다!

문답식으로 되어있는 '어디까지 왔니?' 놀이는 서로 교감하는 재미가 가득합니다. 장소를 뜻하는 대답 대신 주변의 나무 이름을 대며 놀이해 보세요. 장소를 이동할 때 하면 더욱 좋은 놀이입니다.

2. '무궁화 꽃이 피었습니다' 놀이 변형

"○○나무가 되었습니다" 외치면 ○○나무 앞에서 ○○나무로 변신!

'시장에 가면 ○○도 있고~ ○○도 있고~'의 말놀이 음율에 맞춰 개사를 해서 숲을 산책하는 동안, 혹은 전이활동이 있을 때 부르면 주변의 나무를 단순히 스치지 않고 관찰하게 해줍니다.

"숲에 가면, 소나무도 있고 밤나무도 있고 벚나무도 있고…"

이렇게 순서를 정해서 한 명씩 박자를 놓치지 않고 나무의 이름을 말하는 게임의 형태로 즐겨도 좋으며, 조금 더 박진감이 있도록 이전의 친구가 말했던 나무를 말하면 안 되는 규칙을 추가해도 좋죠.

TIP

- 위 놀이를 할 때, 나무의 이름을 모르는 단계의 아이들과는 아이들이 느끼고 생각한 나무의 이름을 박자에 맞춰서 반복적으로 표현할 수 있게 해주세요.
  "숲에 가면, 세모 나무 있고 삐쭉 나무 있고 대왕 나무 있고…"
  아이들에게 의미 있는 언어로 표현할 수 있는 기회를 자주 만들어 주세요.

1

우리반 나무

숲에 가서 나무를 그냥 만나는 것과 1년을 꾸준히 보는 것은 전혀 다릅니다. '자세히 보아야 예쁘다.'라는 시구절처럼 한그루의 나무를 사계절 동안 지켜보세요. 새순이 돋아나고, 꽃이 피고, 열매를 맺고, 낙엽이 되어 떨구는 과정을 지켜보며 나무의 성장과정을 자연스럽게 알 뿐 아니라 소중함은 더없이 커진답니다. 아이들과 우리 반 나무를 정해서 이름도 지어주고 그 변화의 기쁨을 놓치지 마세요.

내 나무야,
반가워!

우리 반이 만든 나무 이름표

봄의 앵두나무

여름의 앵두나무

TIP

- 저연령의 경우 개별로 관찰하는 것은 어렵기 때문에 우리 반의 나무를 한그루나 두 그루 정도로만 정하는 것이 좋아요.
- 사계절을 지켜보는 과정이기 때문에 계절의 변화를 뚜렷이 볼 수 있는 나무를 선정하는 것이 좋아요.
  예 산수유, 벚나무는 봄에는 꽃이 먼저 보이고 잎-열매-단풍이 차례로 보이기 때문에 관찰하기에 적합해요.
- 매일 봐야 한다는 부담감을 내려놓고 산책을 나갈 때나 한달에 한 번 정도씩만 꾸준히 관찰해 줘도 좋아요.

함께 보아요

관련 도서

기후위기인간

구희 글, 그림/ 알에이치코리아

알고 있나요? 지구의 관리자는 '우리'입니다.
기후위기 시대의 인간을 위한 지구 관리 안내서로, 평범한 취준생이 일상 속에서 기후위기를 인식한 순간들을 귀여운 그림과 위트 넘치는 멘트로 풀어내어 누구나 편하고 쉽게 읽을 수 있습니다.

매일 놀이해도 괜찮아!

김호 외 글/ 공동체

놀이로 가득한 청심유치원의 이야기가 담겨있는 책입니다.
놀기만 한다고 걱정하지 마세요. 반복적이고 다양한 놀이 속에서 아이들은 이미 배운 것을 표현하고 배우고 싶은 것, 배우고 있는 것들을 적극적으로 달성해 나가며 스스로 삶의 가치와 지혜를 습득합니다. 유치원에서 일어나는 놀이를 아이들과 교사들의 시선으로 담아내어 현장에서 적용하기 좋은 책입니다.

다 같은 나무인 줄 알았어

김선남 글, 그림/ 그림책공작소

우리 주변의 나무들을 찬찬히 살펴본 적이 있나요?
비슷한 크기에 연두, 초록잎이 달린 나무들은 얼핏 보면 다 같은 나무인 것 같지만 조금만 관심을 가지고 바라본다면 저마다 다른 나무란 것을 알게 됩니다.
이 책은 저마다 다르게 사는 나무를 통해 우리 모두 고유하고 소중한 존재임을 말해 줍니다. 오래 보아야 예쁜 건 들꽃뿐이 아닙니다. 다 다른 모습과 생각으로 자라나는 아이들, 저마다 열심히 살아가는 우리 모두가 소중하고 아름다운 존재임을 알려주는 따뜻한 그림책입니다.

동영상

나뭇잎이 달라요

https://youtu.be/qwQe6dYwy94?si=zRqBHqnxYqT6jEAI

그림책과 떠난 숲토리

놀이흐름도

『숲이 좋아요』를 읽고

다양한
나무도 찾아보고

나무 콧구멍도
보았어요

원 주변의 나무를 찾고
책도 만들었어요

식물도감으로 놀기

전래놀이로
변형해 보았지요

내 나무를 정하고

함께 자라날 거예요

Chapter

2

봄 속으로 퐁덩

꽃이 펑_서아

길가에 작은 꽃이 있었습니다.
그 꽃은 건드릴 때마다 펑!

한 아이가 꽃을 건드렸더니
그 꽃은 귀찮아서 펑! 펑!

동네는 시끌벅적 펑펑!
맨날 펑! 펑!

그러다 꽃이 펑! 터졌대요.

봄 속으로 풍덩

주미경 글, 김연주 그림/ 키즈엠

봄을 조롱조롱 달고
봄을 후우우우우!
봄을 다시 모아서
한입 앙 먹고
봄 속으로 풍덩!
- 본문 중에서 -

땅에 코가 닿을 만큼 무릎을 꿇고 고개를 숙여 작디작은 꽃마리를 보신 적 있으신가요? 꽃인 줄 모를 만큼 작지만 온 우주를 품고 있는 하늘빛 꽃이 심장을 두근대게 했던 날을 잊을 수 없습니다.

발 아래 자그마한 풀꽃부터 나무 위 꽃까지 봄꽃으로 가득한 봄 숲. 흩날리는 벚꽃잎을 보면 "꽃눈이 내려요."라며 아이들은 꽃잎을 잡으러 이리저리 뛰어다닙니다.

이 책은 따스한 꽃 그림이 봄 숲 한가운데 있는 듯한 기분을 들게 하는 책입니다. 운율이 더해진 글은 마음까지도 들썩이게 만드는 매력을 가졌습니다.

서로 비슷한 꽃, 저마다 색이 다른 꽃, 그냥 스쳐 지나갔던 꽃을 조금 더 자세히 눈 맞춤 하면 좋을 계절, 봄. 봄에 피는 꽃을 재미있는 동시로 만나보세요.

자연물 만나기

관찰 1

색깔로 만나는 봄꽃

사계절 중에서 봄의 숲은 유독 알록달록 색깔의 향연입니다. 잎이 나기 전 꽃부터 피고 보는 많은 봄꽃은 화려함의 절정을 보여줍니다. 이는 곤충들을 유혹하기 위한 꽃들의 노력이라 할 수 있죠. 아이들과 어떤 색의 꽃들이 있는지 찾아보는 건 어떨까요?

빨강
① 명자꽃

노랑
② 개나리
③ 민들레

진분홍
④ 진달래
⑤ 산철쭉

흰색
⑥ 목련
⑦ 냉이

하늘	⑧ 꽃마리
파랑	⑨ 큰개불알풀
연분홍	⑩ 살구나무 ⑪ 왕벚나무
보라	⑫ 제비꽃 ⑬ 서양수수꽃다리

◀ 겨울눈에서 태어나는 새싹이의 모습을 보면 꼭 꽃 모양 같아요. 특히나 늘 푸른 잎을 가지고 있는 사철나무의 새순은 장미꽃 모양을 하고 있어서 아이들이 초록꽃을 찾았다고 이야기를 한답니다. 겨울눈에서 피어나는 새순은 저마다 모양이 달라서 한 나무 안에서도 다양하게 찾아볼 수 있답니다.

관찰 2

비교하며 찾는 봄꽃

'봄' 하면 가장 대표적인 꽃인 진달래와 산철쭉. 진달래만 식용할 수 있다는 건 잘 아실 거예요. 두 꽃을 구별하기 가장 쉬운 방법은 꽃이 먼저 피면 진달래, 꽃과 잎이 같이 있다면 산철쭉으로 생각하면 된답니다. 물론 기후변화로 진달래도 꽃과 잎이 같이 보일 때도 있지만 대체로 진달래는 꽃이 진 후 잎이 나온답니다.

산철쭉

진달래

아이들은 노란색을 보면 모두 개나리라고 해요. 민들레를 보고도 개나리, 씀바귀를 보고도 개나리라고 하죠. 하지만 노란색을 가진 꽃들은 우리 주변에 정말 많아요. 꽃다지, 산수유, 유채 등등. 노란 꽃도 다 다르다는 걸 아이들하고 함께 찾아보고 자세히 보는 시간이 되시길 바랍니다.

개나리

산수유

꽃 모양은 같지만 색이 다른 꽃을 찾아보자

4장의 꽃잎이 열십자 모양인 대표적인 십자화과의 봄꽃인 꽃다지와 냉이. 생김새가 너무 비슷하지만, 꽃색은 전혀 달라요. 같을까? 다를까? 아이들과 함께 비교해 보세요.

하양하양 냉이꽃

노랑노랑 꽃다지

우리 주변에서 흔히 볼 수 있는 나무들. 하지만 같은 과(장미과) 나무라 꽃잎만 보면 구별하기가 참 어려워요. 그럴 때는 꽃받침과 꽃대의 길이를 보면 가장 구별하기 쉽답니다.

◀ 벚나무

꽃대가 길어 꽃이 하늘하늘
춤을 추는 것처럼 보여요

▲ 살구나무

꽃이 나무에 살짝 붙어있으며
꽃받침이 뒤로 젖혀진 모습이에요

▲ 매실나무

꽃대가 짧아 나무에 딱 붙어있고
꽃받침이 꽃을 감싸고 있어요

숲에서 놀아요

놀이 1

노래로 봄을 만나요

3, 4월은 봄꽃과 새싹이 피어나는 계절이죠. 나무마다 겨울눈에서 꽃들이, 새싹이 다른 모습으로 태어나죠. 겨우내 바짝 엎드려 있던 로제트에서도 풀꽃이 얼굴을 내밀고요. 매일 매일이 볼 것이 많아 봄인 봄!
봄노래로도 봄을 만나보세요. 아이들과 일상에서 흥얼거리면서 봄을 느끼고, 숲에서도 봄노래로 봄을 찾아보세요!

봄님

"봄님이 오시는 걸 어떻게 알 수 있었나요?"
"길가에 꽃들이 어여쁘게 피어나
봄님이 오시는 걸 알았어요."

꽃샘바람

"알았어요, 알았어요. 지금 나가요.
진달래꽃 분홍얼굴 내미네~"

TIP

- 아이들과 산책하며 노래로 문답하듯 봄꽃을 찾아보세요. 훨씬 더 적극적으로 찾는 것을 볼 수 있답니다.
  예 봄님
  교사 : 봄님이 오시는 걸 어떻게 알 수 있었나요?
  유아 : 길가에 꽃들이 어여쁘게 피어나 봄님이 오시는 걸 알았어요.
- 노래를 개사해서 봄꽃찾기로 연결할 수 있어요.
  예 꽃샘바람 '제비꽃잎 보라얼굴 내미네.', '민들레꽃 노란얼굴 내미네.'

* 추천동요
봄님 : 작사·곡 김성균
꽃샘바람 : 작사·곡 김진영
숲속의 합창 : 작사·곡 김성균

놀이 2

봄꽃 그림 그리기

봄꽃을 붙여서 액자를 만들고 그리기도 많이 해요. 하지만 자연에 있는 그대로 그림을 그릴 수 있어요. 바닥은 도화지, 꽃잎과 흙은 그리기 도구가 되지요. 떨어진 꽃잎을 모아서 그림을 그려보세요. 그린 다음 '후~' 하고 날리면 새로운 도화지가 생긴답니다.

꽃잎으로 만든 하트

벚꽃잎으로 만든 우리집

TIP

- 얼굴이나 손등에 로션(또는 립밤)을 바르고 떨어진 꽃잎을 붙여 모양을 구성해 보세요. 내 몸이 도화지가 되고 어여쁘게 화장하는 효과도 있답니다.

놀이 3

봄꽃 액세서리

꽃을 꺾지 않아도 재미있는 반지놀이를 할 수 있어요. 자, 손을 'V' 해보세요. 검지와 가운뎃손가락 사이로 꽃의 줄기를 끼워서 꽃반지를 만들어요. 작은 꽃반지, 커다란 꽃반지. 기다린 조팝나무 가지로는 멋진 팔찌도 만들 수 있답니다. 자연을 해치지도 않고, 스스로 반지도 바꿀 수 있는 이것이야말로 일석이조!

화려한 루비 산철쭉 꽃반지

햇님을 닮은 민들레 꽃반지

조팝나무 팔찌도 근사하죠?

TIP

- 아이들의 시선을 확장시켜 주고 싶다면 교사가 이곳저곳 찾아다니면서 '분홍꽃반지, 노란꽃반지, 나뭇잎반지~' 하며 다양하게 반지를 만드는 모습을 보여주세요. 아이들도 주변의 자연물에 더욱 관심을 갖게 될 거예요.

떨어진 꽃이나 나뭇잎을 나뭇가지와 솔잎으로 끼워서 머리에 꽂아요! 꽃핀을 거부하는 남아들의 경우 엄마나 누나, 동생, 할머니 등 가족들에게 선물하기 위해 연습해 보자고 권유해 보는 것도 방법이랍니다.

놀이 4

봄 속으로 풍덩!

에코 거울에 바세린(또는 립밤)을 바르고, 떨어진 꽃잎으로 꾸며요.
초록나무 아래 거울을 내려놓으면, 초록나무에 꽃이 활짝 피어 있는 것 같지요!
그 거울 속으로 내 얼굴 쏙~~ 봄 속으로 풍덩!

TIP

- 봄 속으로 혼자만 들어가긴 아쉽죠? 거울을 주변으로 둥글게 손을 잡고 선 뒤 한 방향으로 천천히 돌면서 거울을 바라보면 화사한 봄 세상에 모두가 초대된답니다.
- 한 장소에서만 거울을 바라보면 다양한 각도에서 선물해 준 봄 풍경을 만나기 어렵기 때문에 주변으로 움직이며 감상하는 것이 좋습니다.

놀이 5

봄꽃 팝콘

보자기나 스카프를 잡으면 아이들은 늘 흔들어요. 펄럭펄럭~ 거리는 바람에 아이들 웃음소리도 봄동산을 가득 채웁니다. 하늘하늘~~ 떨어진 꽃잎으로 꽃팝콘을 터트려 보면 어떨까요?

떨어진 꽃잎을 천에 담아 아이들과 팝콘 튀기듯 흔들어보세요. 꽃이 흩날릴수록 즐거움도 배가 된답니다.

TIP

- 수정을 마치고 떨어진 꽃잎은 흙이 묻고 시들어서 더러워 보이기도 해요. 그럴 때는 "어? 너무 오래 튀겼나 봐. 팝콘이 타버렸네~" 하며 긍정적으로 바라볼 수 있게 해주세요.

숲에서 교실로…

1

봄꽃 카나페

어릴적부터 자연의 먹거리를 맛보는 것은 아주 중요합니다. 공산품에 길들여진 아이들은 단맛, 짠맛, 신맛 등 고정된 언어로만 표현하게 됩니다. 시큼털털하고 달큰한 자연의 먹거리에서만 느낄 수 있는 경험을 아이들에게 제공해 주세요. 처음 접하는 아이들에게 조금 더 편안하고 음식도 아름답다는 경험을 할 수 있는 활동을 준비했습니다.

진달래는 암술, 수술을 떼어
내고 깨끗이 씻어요.
물기를 없애고,
크래커 과자 위에
요플레를 바르고
진달래를 올려서…
한 입 앙!

2

봄꽃차 마시기

따뜻한 물에 벚꽃 한 송이를 얹어주면 은은한 향기가 솔솔~ 향기로운 봄을 느껴볼 수 있어요.

TIP

- 아이들 중 꽃가루 알레르기가 있는지 꼭 확인하고 식용해 주세요.
- 아이들이 아무 꽃이나 먹지 않도록 반드시 교사와 함께 있을 때만 먹도록 약속을 해주세요. 만일 식용 가능한 식물에 대한 믿음이 확실치 않다면 마트에서 판매하는 식용꽃을 사용하시는 게 안전합니다.

함께 보아요

관련 도서

열두 달 자연놀이

붉나무 글, 그림, 사진/ 보리

『열두 달 자연놀이』는 붉나무 네 식구가 봄이 오는 3월부터 겨울 끝자락인 2월까지 두 해에 걸쳐서 자연에서 논 이야기를 있는 그대로 엮은 책입니다. 언제, 어디서나, 누구나 손쉽게 할 수 있는 자연놀이가 365가지나 담겨있어 자연놀이를 현장에서 바로 적용하기 쉽답니다.

봄 숲 놀이터

이영득 글, 한병호 그림/ 보림

산림청 개청 50주년 기념도서로 따뜻한 봄에 어울리는 서정적인 그림과 이야기가 담긴 그림책입니다.

다양한 봄꽃들이 가득 담겨있어 그림책만 보아도 봄 숲에 흠뻑 빠진 기분이 들어요.

마지막 장에 있는 QR코드를 찍으면 책 속에 나오는 봄꽃들의 사진과 정보를 얻을 수 있으니 꼭 확인해 보세요!

달래네 꽃놀이

김세실 글, 윤정주 그림/ 책읽는곰

우리나라의 세시풍속인 삼월 삼짇날을 아시나요?
음력으로 3월 3일, 봄을 가득 느낄 수 있는 삼월 삼짇날의 이야기가 담겨 있는 그림책입니다.
강남으로 떠났던 제비가 돌아오고, 예쁜 봄꽃들과 나비들이 춤을 추는 삼월 삼짇날, 달래네와 함께 꽃놀이를 떠나보아요.

동영상

봄꽃 카나페 만들기

https://youtu.be/b7sbUxgwuX0?si=ypkUUgOQRHyv6FOR

그림책과 떠난 숲토리

놀이흐름도

『봄 속으로 풍덩』을 읽고

다양한 색의
봄꽃 찾기

노래로 봄을
만났어요

떨어진 꽃잎으로
그림 그리기

꽃반지 만들기

거울로 봄을
만나보았죠

꽃잎 팝콘이 팡! 팡!

봄꽃 카나페

Chapter

3

꿈틀꿈틀 자벌레

애벌레의 꿈_서아

방금 알에서 깨어난 나.
나를 들킬까 봐 알 껍데기를 먹어치웠지.
먹어도 먹어도 배고픈 나.
이파리를 먹고 또 먹으며 배가 부를 때까지 먹어치우는 나.
그러면서 나는 꽃밭을 바라보면
나비들이 나풀 나나풀.
나는 생각하지, 나는 어른이 되면 무엇일까?

서너 밤이 지난 후 다시 만난 나.
꽃밭에 나비가 된 나. 지금 태어난 애벌레는 어떤 마음일까?
나는 이제 애벌레가 아니라 나비인데
나를 아직도 애벌레라고 부르는 사람은 없겠지.
나는 이제 친구들을 찾아 떠날 거야.

꿈틀꿈틀 자벌레

레오 리오니 글, 그림/ 파랑새

어느 날 배고픈 개똥지빠귀가 나뭇가지에서 꿈틀거리는
자벌레를 보았어요. 개똥지빠귀는 자벌레를 잡아먹으려고 했지요.

한치 두치 세치... 큰부리새의 부리도 재고
꿩의 꼬리도 재어 주었지요.

밤꾀꼬리는 노래를 불렀고, 자벌레는 노래를 재는 척
계속 재어 나갔죠. 마침내 자벌레는 보이지 않게 되었답니다.
- 본문 중에서 -

연둣빛이 초록빛으로 변화하는 숲속을 자세히 들여다보고 귀를 기울이면, 다양한 생명이 숨어 있는 것을 발견하게 됩니다. 나뭇잎처럼 보호색으로 변장을 하고 숨어 있는 작은 애벌레들, 그리고 그 애벌레들을 호시탐탐 노리고 있는 새들. 애벌레들이 살아가는 세상은 만만치 않습니다.

애벌레를 만나기 전 『꿈틀꿈틀 자벌레』 그림책을 보여주세요. 서로 먹고 먹히는 생태계에서 자신보다 훨씬 큰 새들로부터 위기를 모면하기 위해 새들의 몸을 '한치 두치 세치' 재어주는 모습은 "왜 이름이 자벌레일까?"라는 궁금증을 풀어주면서 새들의 이름과 특징을 자연스럽게 알려줍니다.

또한 새들의 몸을 재어주는 행동은 길이 재기 놀이를 연상시키며 아슬아슬함과 즐거움을 주기도 하죠!

이 그림책을 먼저 만나보고 숲에서 직접 애벌레를 만나게 된다면, 기존에 가졌던 편견에서 벗어나 조금은 애정을 갖고 애벌레를 호시탐탐 노리는 천적들로부터 무사하기를 가슴 졸이며 응원하지 않을까요?

자연물 만나기

관찰 1

애벌레의 생김새가 달라요

따뜻한 봄은 곤충을 깨우고, 깨어난 곤충들은 알을 낳고, 알 속에서 태어난 애벌레들이 꼭꼭 숨어 있는 계절입니다. 애벌레들은 우리의 눈에 금방 보이지 않지만, 나무 아래 잠시 멈춰 가만히 서서 바라보면 만날 수 있답니다. 애벌레를 만날 수 있는 시간은 바로 지금, 신록이 가득해지는 숲입니다!

애벌레는 어른벌레와는 다른 모습일 때가 많지만, 자신의 모습으로 커가면서, 숲에서 자신만의 역할을 하며 살아가고 있답니다.

꼬물꼬물 나뭇잎 뒤에, 꽃송이마다 숨어 있는 애벌레들을 만나러 가볼까요?

▶ 꿈틀이
꿈틀꿈틀 기어가는 애벌레

연노랑뒷날개나방 애벌레

▼ 털털이
털이 많은 애벌레

매미나방 애벌레

▶ 척척이
척척 자를 재듯 기어가는 애벌레

참나무겨울가지나방 애벌레

관찰 2

애벌레의 다리는 몇 개?

"애벌레는 다리가 몇 개일까?" 하고 아이들에게 물으면 "엄청 많아요~", "곤충이니까 6개죠." 저마다 의견이 분분합니다.

결론은! 애벌레마다 다리의 개수는 모두 달라요. 물론 가슴다리 3쌍만이 번데기에서 어른벌레가 될 때 긴 다리로 바뀌지요.

자나방과와 나비목 애벌레는 다리 개수의 차이가 있어요. 나비목 애벌레의 다리 개수는 가슴다리 3쌍, 배다리 4쌍, 꼬리 다리 1쌍 모두 16개!

그러나 자나방과는 꼬리다리 쪽에 배다리 1쌍으로 다리 개수는 모두 10개!

그래서 자나방과 애벌레인 자벌레는 몸을 접으며 척척 이동하는 척척이랍니다.

꼭 자로 재듯 말이죠.

얼룩밤나방 애벌레(나비목)

뾰족가지나방 애벌레(자나방과)

관찰 3

애벌레의 먹이

아기 피부처럼 보드라운 새순이 돋아나면 그곳에 꼭 애벌레가 있어요. 그런데 애벌레들은 지독한 편식쟁이랍니다. 애벌레들은 주로 한 종류(같은 과)의 나뭇잎만 먹어요. 애벌레마다 어떤 먹이식물을 좋아하는지 알아볼까요?

▶ 개나리잎벌 애벌레
여럿이 함께 무리 지어 개나리 잎을 먹어요.

◀ 좀남색잎벌레 애벌레
소리쟁이 잎을 먹고 살지요.

▶ 노랑털알락나방 애벌레
노박덩굴과의 화살나무, 사철나무를 먹고 살아요. 애벌레가 먹은 나뭇잎에 똥을 찾아보세요.

▼ 장미등에잎벌 애벌레

왕벚나무, 찔레꽃 등 장미과에 있지요.
체조선수처럼 유연한 자세로도 잘 먹어요.

◀ 호랑나비 애벌레

산초나무, 탱자나무 등
운향과에 있지요.

▲ 산호랑나비 애벌레

가장 친근한
호랑나비애벌레들

관찰 4

애벌레의 변신

애벌레에서 어른벌레로 자라려면 힘겨운 과정을 견뎌내야만 해요. 번데기가 되기도 하고 어른벌레의 모습으로 허물을 여러 번 벗기도 하며 다 다르게 자라나지요. 곤충의 애벌레는 갖춘탈바꿈(완전변태)과 못갖춘탈바꿈(불완전변태) 두 가지로 나눌 수 있어요.

갖춘탈바꿈(번데기 有) : 알–애벌레–번데기–어른벌레

말 그대로 알에서 애벌레, 그리고 번데기를 거쳐 어른벌레로 커가는 과정을 말해요.
모든 과정을 다 거치기 때문에 갖춘탈바꿈(완전변태)이라고 하지요.
우리가 흔히 아는 나비, 벌, 딱정벌레목들의 성장 과정을 일컫습니다.

무당벌레 알

무당벌레 애벌레

무당벌레 번데기

무당벌레(어른벌레)

못갖춘탈바꿈(번데기 無) : 알-애벌레- 어른벌레

못갖춘탈바꿈은 번데기 과정을 거치지 않는 곤충의 성장 과정을 말해요. 번데기 없이 애벌레 상태에서 허물을 벗으면서 몸집이 점차 커져 나가죠. 그러다 보니 애벌레의 모습도 어른벌레와 흡사합니다. 다만, 애벌레 시절에는 날개가 없거나 아주 짧은 걸 볼 수 있어요. 주로 노린재, 사마귀, 메뚜기, 잠자리목이 못갖춘탈바꿈을 합니다.

사마귀 알집

사마귀 애벌레

사마귀(어른벌레)

숲에서 놀아요

놀이 1

나비의 변신

1. 나비의 변신 노래

알 알알로 태어나
애 애애벌레 됐죠
번데기 번데기 번데기~
나비 됐어요.

(씨앗 노래 개사곡)

'씨앗' 동요의 가사만 살짝 바꾸어
나비 노래로 함께 불러보아요.
나비의 변신 과정이 노래에 담겨있어
곤충의 성장 과정을 쉽게 이해할 수 있어요.

TIP

- 노래가 익숙해지면 번데기 단계가 있는(나방, 사슴벌레, 장수풍뎅이, 무당벌레 등) 다양한 곤충으로 가사를 바꾸어 불러도 좋아요!

2. '가위, 바위, 보!'로 변신하기

나비의 변신 과정을 즐겁게 놀이로 알아보아요. 가위, 바위, 보만 할 줄 안다면 누구든지 할 수 있어요.

자, 모두 알에서 시작~ "알, 알, 알, 알"

① 알인 두 명이 만나 가위바위보!
이기면 알은 애벌레~ 지면 알로 남아 다시 알인 친구와 가위바위보!

② 애벌레가 된 친구는 애벌레와 가위바위보!
이기면 번데기~ 지면 애벌레로 남아 다시 애벌레인 친구와 가위바위보!

③ 번데기가 된 친구는 번데기와 가위바위보!
이기면 나비~ 지면 번데기로 남아 다시 번데기인 친구와 가위바위보!

④ 나비가 된 친구는 꽃 위에서 꿀을 먹으며 편히 쉬어도 되지요.

모두 '가위바위보!' 끝나면 모두 변신하지 않고 알, 애벌레, 번데기가 한 명씩 남아 있어요. 그리고 놀이를 통해 알에서 나비가 되기까지 쉽지 않다는 걸 몸으로 느낄 수가 있답니다.

TIP

- 노래가 익숙해지면 번데기 단계가 있는(나방, 사슴벌레, 장수풍뎅이, 무당벌레 등) 다양한 곤충으로 가사를 바꾸어 불러도 좋아요!

놀이 2

새와 애벌레 놀이

숲에서 애벌레들을 나뭇잎 위에서 발견하기도 하지만, 주로 나뭇잎의 옆면이나 뒷면에서 더 많이 만날 수 있어요. 특히나 인기척이 들리면 재빠르게 나뭇잎 뒤로 쏙~ 숨는 모습을 볼 수 있답니다. 꼭 아기가 엄마 치맛자락 붙잡고 뒤로 숨는 모습처럼요. 애벌레가 천적(새)을 피하기 위한 전략 중 하나인 나뭇잎 뒤에 숨는 놀이로 바꾸어보았어요.

"새가 나타났다! 손바닥 나뭇잎 뒤에 숨어요!"

아이들은 모두 애벌레가 되어 꼬물꼬물 기어가는 신체 표현을 하면서 가다가 '새가 나타났다!' 하면 손바닥을 나뭇잎으로 생각하고 얼굴을 가리고 숨어요!

TIP

- 공원 산책길이나 숲길을 이동하면서 하는 놀이로 해도 좋아요.
- 주변에 나무가 많다면 나뭇잎을 가리고 숨거나 나무 뒤에 숨는 방법으로 변형하면 더욱 재미있답니다.

놀이 3

꼭꼭 숨은 애벌레

두 팀으로 나누어서, 한 팀은 새가 되고, 한 팀은 애벌레나 작은 곤충이 되어 곤충 모형과 지끈 모형 애벌레를 숨겨요. 신기하게도 눈에 띄는 빨강, 노란색은 쉽게 찾을 수 있지만, 숲과 비슷한 색인 초록과 갈색은 잘 찾지 못하죠. 서로 찾기 놀이를 하면서 애벌레의 보호색에 대해 자연스럽게 알아보세요. 한 번이 아니라 두 번, 세 번 반복하면 아이들이 보호색을 더 잘 이용해서 숨기는 모습도 볼 수 있답니다.

TIP

- 저연령은 팀을 나누지 않고 자신이 숨기고 일정 시간이 지난 후 찾아오는 놀이로 진행해도 좋아요.
- 연령이나 경험의 정도에 따라 지끈의 개수를 조절해 주세요. 처음이라면 저연령은 3개 이하, 고연령은 5개 정도가 좋아요.
- 숨긴다고 표현하면 흙 속이나 낙엽을 덮을 수 있으니 자연물 위에 놓는 시범을 꼭 보여주세요.

놀이 4

자연물 애벌레 꾸미기

꿈틀꿈틀 애벌레를 관찰했다면 다양한 방법으로 귀여운 애벌레를 표현해 볼 수 있어요. 애벌레를 만들 자연물에 관해 이야기를 나누어보고 다양한 방법으로 만들어 보세요. 나뭇잎을 엮어서도 만들어 보고, 리스나 수틀을 사용하면 또 다른 느낌을 준답니다. 다양한 자연물을 색깔이나 모양별로 분류하면서 함께 애벌레를 완성해 보고 감상해 보세요.

동글동글 나뭇잎과 솔잎 애벌레

수틀로 만든 애벌레

리스로 만든 애벌레

숲에서 교실로…

1

뻥튀기 나뭇잎

애벌레가 사각사각 갉아먹은 나뭇잎을 보면 저마다 모양이 달라요. 반만 갉아먹기도 하고 샤워기처럼 구멍이 뚫려있기도 해요. 우리도 애벌레가 되어 뻥튀기 나뭇잎을 갉아 먹어보아요. 구멍이 송송~ 애벌레가 맛있게 먹은 뻥튀기 나뭇잎을 친구들과 함께 구경해요. 그리고 뚫린 구멍으로 보이는 세상은 어떠한 모습일까요? 구멍으로 주변을 들여다보는 놀이도 해보세요.

애벌레가 먹은 나뭇잎

내가 갉아먹는 뻥튀기 나뭇잎

TIP

- 산책하다 주운 낙엽과 똑같은 모양으로 만들기 놀이해도 재밌어요.
- 누구 뻥튀기 나뭇잎의 구멍이 제일 클까요? 구멍을 뚫어 크기를 친구들과 비교해 보세요.
- 수 놀이와 연결해 동그라미, 세모, 네모 모양 구멍을 만들어 보세요. 모양을 자연스럽게 익힐 수 있어요.

함께 보아요

관련 도서

민들레와 애벌레

김근희 글, 그림/ 길벗어린이

우리 주변에서 흔히 보는 민들레와 나비의 한살이로 우정 이야기를 풀어 놓는 책입니다. 애벌레는 민들레에게 세상 이야기를 들려주고, 민들레 씨앗은 애벌레에게 날 수 있다는 희망을 줍니다. 두 친구의 이야기를 통해 자연스럽게 한살이도 알게 되고 소중한 존재에 대해 다시금 생각해 보는 책입니다.

곤충 개념도감

자연과생태 편집부/ 필통

대학교 곤충 개론서를 어린이 눈높이에 맞게 풀어쓴 개념서로, 곤충에 대한 정의와 개념을 쏙쏙 들어올 수 있게 쉽고 재미있게 풀어쓴 책입니다.

봄·여름·가을·겨울 곤충도감

한영식 지음/ 진선아이

우리 주변에서 많이 볼 수 있는 곤충들을 중심으로 계절별로 만날 수 있는 곤충은 무엇이며, 어떻게 관찰하는지 쉽게 설명되어 있습니다.

동영상

애벌레 이야기

https://youtu.be/dHJEddSl9rY?si=DH8xssw8cJ9JsizN

그림책과 떠난 숲토리

놀이흐름도

『꿈틀꿈틀 자벌레』를 읽고

재밌게 생긴 자벌레

뭉쳐 다니는
개나리잎벌 애벌레

나비의 변신 놀이

애벌레 보호색 놀이

새와 애벌레 놀이도 했어요

자연물로 애벌레도
만들고

애벌레가 되어
뻥튀기를 냠냠!

Chapter

4

세상의 많고 많은 초록들

나뭇잎 여름수영장_예록

와아! 여름이다!
나뭇잎 여름수영장 개장!

초록초록 나뭇잎 선수들 입수준비,
풍덩풍덩 멋지게 다이빙!

초록초록 울창한 숲속은
푸릇푸릇 나뭇잎들의 여름수영장!

풍덩풍덩 신나게 놀다보니
알록달록 변신한 나뭇잎들

내년에도 다시 만나요.
나뭇잎 여름수영장

세상의 많고 많은 초록들

로라 버커로 시거 글, 그림/ 다산기획

새싹이 막 돋아나기 시작할 때의 연두빛 초록을 보신 적 있으신가요? 이제 막 태어난 아기 같아 차마 손대지 못할 정도로 여리디 여린 초록빛을 띠고 있습니다. 여름의 숲은 더없이 울창하고 짙은 초록을 띠고 있죠. 햇빛이 비치는 날에는 싱그러움이 배가 되고, 흐린 날에는 어둠을 머금은 초록은 더 깊은 숲을 느끼게 해줍니다.

숲속에 울창한 초록
바닷속 깊푸른 초록
라임은 싱그런 초록
고사리 달빛 어린 초록
반딧불이 반짝 초록
세상의 많고 많은 초록들
- 본문 중에서 -

우리가 생각한 것보다 세상에는 많은 초록이 있었어요. 그것을 잘 나타낸 그림책이 바로 『세상에 많고 많은 초록들』입니다. 명도와 채도로 나타낼 뿐 아니라 우리가 미처 생각지 못한 초록들도 바라보게 해줍니다. 고사리 달빛 어린 초록이 바로 그 대목이라 할 수 있죠.

구멍 속에 보이는 초록을 한 장 넘기면 또 다른 초록으로 그림을 완성합니다. 다음 장을 자꾸 기대하게 만들지요. 자, 우리도 다양한 초록을 만나러 갈까요?

자연물 만나기

관찰 1

초록 세상

여름의 숲은 초록으로 가득한 세상이 됩니다. 겉으로 보면 다 같은 초록으로 보이지만 숲속에 들어가면 다양한 초록이 숨어있지요. 나무 한 그루에도 여러 초록이 숨어있고, 햇볕에 보이는 초록은 다른 모습을 보여줍니다. 우리가 보는 초록을 다른 시각으로 만나며, 다양한 초록을 찾아보고 표현해 보기 좋은 여름입니다.

1) 앞뒤가 다른 초록 찾기

나뭇잎을 앞과 뒤로 살펴보면 색깔이 다른 경우가 많지요. 대표적으로 쑥은 앞뒤의 색깔이 확연히 달라요. 잎을 살짝 뒤집어 보면 하얗게 눌린 털이 있어 앞, 뒤 구분이 확실히 된답니다.

나야, 나. 하얀 털의 쑥!

2) 반짝거리는 초록

사철 내내 푸르른 나무인 사철나무와 회양목 나뭇잎은 두껍고 앞면은 진한 녹색이에요.
반짝거리는 투명 매니큐어를 바른 듯 윤이 나지요. 뒷면은 연한 녹색으로
윤이 나지 않는답니다.
아이들과 산책하며 반짝반짝 빛나는 초록을 찾아보세요.

사철나무잎의 앞과 뒤

반짝거리는 회양목

반짝거리는 사철나무

3) 햇빛 아래의 초록

햇빛이 내리비치는 날 나무 아래에서 고개를 들어 바라보세요. 나뭇잎이 서로 겹치면서 만들어진 그림자가 멋진 그림을 그려줍니다. 햇빛을 받기 위해 서로 겹치지 않으려고 애쓰고 있는 나무의 노력이 초록 그러데이션을 만들어주죠. 어둡고, 환한 초록들 사이에 숨은 그림을 찾아볼까요?

4) 신기한 초록

‘초록 물감이 튀었나?’ 나뭇잎에 초록 그림이 너무 신기해요. 노랗게 물든 나뭇잎에 엽록소가 파괴되지 않아서 남은 동그라미 가득한 초록이 있네요.

나뭇잎에 붙어있는 혹벌집은 나무가 먹이와 서식처를 만들어주며 대응하기 위해 스스로 만들어낸 집이랍니다. 적도 함께 더불어 살게 하는 혹벌집 달린 초록도 만나보아요.

잎벌레가 야금야금 먹고 지나간 자리에 그려진 그림이 있는 초록이에요. 살짝 갉아먹은 잎도 있고, 구멍을 낸 잎도 있어요. 잎벌레는 좋겠다. 붓이 없어도 되니까!

숲에서 놀아요

놀이 1

나뭇잎 뒤집기

나뭇잎을 자세히 보면 앞, 뒤 색이 다름을 알 수가 있어요. 대체로 햇빛을 받는 앞면이 색이 진하고, 뒷면은 흐리지요. 주로 햇빛을 받아 광합성을 하는 앞면은 엽록소가 모여있어 진한 초록을 띠게 됩니다. 잎의 뒷면에는 기공을 통해 증산작용으로 인한 물을 밖으로 내보내게 된답니다.
아이들과 잎의 앞, 뒷면이 어떻게 다른지 관찰해 본 후 밥팀(앞면), 물팀(뒷면)으로 나누어 뒤집기 놀이를 해보세요!

① 잎의 앞뒤가 다름을 관찰한다.
② 밥팀과 물팀으로 나눈다. 밥팀은 잎의 앞면이 오도록 뒤집고, 물팀은 잎의 뒷면이 나오도록 뒤집는다.
③ 일정 시간이 지난 후 각 팀이 뒤집은 잎의 수를 세어본다.

TIP

- 앞, 뒤 색이 다른 나뭇잎 찾아오기 놀이 후에 확장활동으로 진행해도 좋아요. 앞, 뒤 각 10장씩이면 놀이하기에 충분해요.
- 칡잎이나 떡갈나무잎이 앞, 뒤 색이 확연히 다르고 잎의 두께가 있어 놀이하기에 좋아요.

놀이 2

초록으로 꾸며요

숲을 산책하다 보니 정말 다양한 초록이 있어요. 색이 다른 초록, 모양이 다른 초록, 큰 초록, 작은 초록.

내가 찾은 초록잎을 도일리 페이퍼에 딱풀로 붙여보세요. 그 자체만으로도 훌륭한 작품이 된답니다.

하트 초록

초록으로 꾸민 세상

TIP

- 저연령은 도일리 페이퍼에 그냥 붙이는 것만으로도 완성도가 높아요.
- 고연령은 형태를 형상화해서 꾸며도 좋아요. 단, 많은 잎을 채집하지 않게 종이는 작은 걸로 제공해 주세요.

나뭇잎을 문질렀더니…

나뭇잎 그 자체로도 색이 다르지만, 나뭇잎을 있는 그대로 하얀 종이 위에 문지르면 어떻게 될까요? 으깨거나, 짓이기지 않고 나뭇잎 그 자체로 문지르기만 해도 색이 나온답니다. 주변의 다양한 나뭇잎을 문질러 색이 어떻게 다른지 탐색해 보세요.

놀이 3

나뭇잎 거울로 만나는 초록

눈으로 초록을 담았다면 이번에는 나뭇잎 거울로 초록을 담아요! 초록 가득한 나무 아래에 나뭇잎 거울을 놓으면 그 자체가 나뭇잎이 되지요. 거울 속에 다양한 초록을 담아보세요.

거울이 나뭇잎이 되었네

초록을 품은 해

공간에 따라 달라지는 나뭇잎 거울은 바위 위에 올려놓아도 멋진 전시장이 되지요. 거울에 비춰보는 것뿐 아니라 숲의 공간을 거울로 탐색하며 다른 시선으로 바라볼 수 있도록 지원해 주세요. 숲의 다양함을 통해 아이들은 인간관계의 다양성도 존중할 수 있게 됩니다.

TIP

- 아이들이 거울로 탐색할 수 있는 시간을 충분히 제공해 주세요.
- 개인이 담아낸 초록의 모습을 사진 찍어서 교실에 전시해 주세요. 같은 거울로 바라보았지만 다양한 초록이 있었음을 사진을 통해서도 느낄 수 있어요.

숲에서 교실로…

1

향기주머니 짝 찾기

나뭇잎은 생김새도 다르지만, 자신만의 향을 갖고 있습니다. 아이들과 향이 강한 잎을 찾아 주머니에 넣어 향기주머니 짝 찾기를 해보세요.

TIP

- 향기가 강한 잎으로는 소나무, 쑥, 산초나무, 생강나무, 누리장나무, 측백나무, 향나무 등이 있어요.
- 향기주머니 대신 동그란 원통(옛날 필름통 같은)에 구멍을 뚫어 흔들어서 냄새를 맡는 방법으로 놀이해도 좋아요.

2

초록 물감 만들기

세상에 많은 초록색 잎으로 나만의 초록 물감을 만들어 볼까요?
어떤 초록색이 나올까요?

① 초록잎과 물을 넣고 믹서기에 돌려 거름망에 짜면 초록색 물이 만들어져요.
② 초록색 물에 전분을 넣어 걸쭉하게 한 뒤 붓으로 그림을 그려보세요.

3

색 습자지로 다양한 초록색 만들기

파랑 습자지와 노랑 습자지가 만나면 무슨 색이 될까요? 다양한 초록색을 만들 수 있어요.

파란색 2장+노랑색 1장/ 파란색 1장+노랑색 2장

어느 쪽이 더 진할까요?

물의 양과 습자지의 양에 따라 달라지는 나만의 초록색을 만들어 보세요.

TIP

- 투명한 병이 없다면 약병을 사용해도 좋습니다.
- 습자지는 너무 크지 않게 가로세로 2cm 정도의 정사각형으로 여러 장 잘라놓으세요.
- 손잡이가 있는 플라스틱 계량컵을 준비해서 지원해 주면 약병에 만든 색물을 쉽게 넣을 수 있어요.

함께 보아요

관련 도서

나뭇잎은 어떻게 초록이 되나요

미아 포사다 글, 그림/ 풀과바람

초록빛 나뭇잎의 비밀은 어디에 숨어있을까요? 사계절 시시각각 변하는 나뭇잎의 변화를 아름답게 담아낸 그림책입니다. 초록빛 나뭇잎이 여러 색으로 물드는 과정과 나무의 호흡, 광합성, 낙엽이 지는 원리까지 이해하기 쉽게 담아냈답니다.

내가 만난 나뭇잎 하나

윤여림 글, 정유정 그림/ 파란의자

아이의 눈으로 관찰한 나뭇잎의 생태를 표현한 그림책입니다. 주변에서 쉽게 볼 수 있는 여러 가지 나뭇잎들의 모습과 나무의 일생을 담아낸 그림책으로, 아이들에게 나무와 나뭇잎에 대한 기본적인 지식과 호기심을 갖게 해줍니다.

나뭇잎 도감

윤주복 지음/ 진선BOOKS

잎의 모양으로 나무를 쉽게 찾을 수 있도록 구성한 도감입니다. 우리 주변에서 흔히 볼 수 있는 365종의 나무를 '나뭇잎 검색표'로 쉽게 구분하고 관찰할 수 있도록 엮었습니다. 나뭇잎뿐 아니라 나무 모양, 꽃과 열매, 나무껍질 등의 기본 정보도 함께 담고 있습니다.

동영상

나뭇잎이 달라요

https://youtu.be/qwQe6dYwy94?si=r-oY5MuVnESGY-pn

그림책과 떠난 숲토리

놀이흐름도

『세상의 많고 많은 초록들』을 읽고

반짝 초록도 찾고

신기한 초록!

나뭇잎이 겹치니
색이 달라져요

초록으로 꾸몄어요

나뭇잎 뒤집기 놀이

거울에 담은 초록

다양한 초록색 만들기

Chapter

5

흙이 좋아

나는 흙_서아

나는 흙 나는 흙
새싹도 키우고 아이들이 놀 자리도 만들어 준다네.

나는 흙 나는 흙
지렁이와 두더지의 집이지. 나는 작은 생명들의 집이지요.
비 맞아서 촉촉해지면 식물들 뿌리로 전달해 주지요.

내가 싫어하는 것은 단 하나, 농약뿐이지요.
농약은 벌레들뿐만 아니라, 꽃에 꽃가루를 날라주는 벌도 죽이고
진딧물을 먹어주는 무당벌레도 죽이지요.
나는 농약이 정말 싫어요.

나는 흙 나는 흙
숲의 친구지요.
나를 아껴주세요. 안 그러면 도시는 페인트 냄새로 가득 찰 거예요.

나는 흙 나는 흙
아이들의 친구지요.

흙이 좋아

개똥이 글, 박소정 그림/ 개똥이

흙으로 뭐 하고 놀까?
꼭꼭 흙 뭉치며 놀자.
조물조물 주물주물
뭐가 더 잘 뭉쳐질까?
- 본문 중에서 -

아이들은 숲에서 수많은 자연물을 만납니다. 그중에서도 흙은 아이들이 숲에 발을 딛음과 동시에 마주하게 됩니다. 흙은 우리 생활에 매우 친근한 존재이며 마음만 먹으면 쉽게 접할 수 있는 자연물입니다.

"두껍아, 두껍아, 헌 집 줄게. 새집 다오." 두꺼비집은 대표적인 흙놀이라 할 수 있죠.

이 책은 흙을 만지고, 담았다가 쏟고, 또 물을 섞어 농도에 따라 놀이를 합니다. 또한 흙마다 느껴지는 촉감이 다르기에 손으로 누르고, 발로 밟으며 온몸으로 촉감놀이를 합니다. '아! 맞아 이렇게 놀았지?' 이해하기 쉽도록 그림과 함께 노래를 부르듯 담긴 글이 이 책의 가장 큰 장점이라 할 수 있습니다. 함께 놀이하고 있는 듯한 느낌이 들도록 구성되어 있습니다.

이 장에서는 그림책『흙이 좋아』의 내용을 그대로 따라가며 다양한 흙놀이를 소개합니다. 흙과 놀이하는 과정 자체가 탐색이고 관찰이고 놀이이기 때문이죠. 생명의 근원인 흙. 아이들과 함께 흙을 만나고, 탐색하고, 놀고, 즐겁고 행복한 시간이 되시길 바랍니다.

자연물 만나기

관찰 1

다양한 색깔의 흙

모래, 진흙, 황토, 낙엽 쌓인 흙. 흙은 저마다 장소에 따라, 깊이에 따라, 시간의 흐름에 따라 색이 다릅니다. 색이 어떻게 다른지 찾아보고 관찰해 보세요.

TIP

- 흙 그대로 담는 것보다 체에 치면 색이 다름과 입자의 크기도 확연히 알 수 있어요.
- 흙의 색을 이름으로(갈색, 황토색, 고동색 등), 밝기에 따라(진하다, 흐리다, 옅다 등), 입자 크기에 따라(곱다, 거칠다, 부드럽다 등) 찾아보고 표현해 보세요.
- 하얀 그릇이나 천에 담아야 흙의 색이 분명하게 보인답니다.

와! 정말
흙의 색이 다르다.

숲에서 놀아요

놀이 1

꾹꾹 흙 밟으며 놀자

가장 쉽게 흙을 만나는 방법!
손가락으로 콕콕 찔러보고,
손바닥으로 탁탁 두드려보고~

손으로 충분히 만났다면 이제 발로 흙을 만나보세요. 신발과 양말을 벗고 맨발로 흙을 밟아 보아요. 맨발이 되니 훨씬 더 자유로운 느낌에 아이들의 놀이도 더욱 활발해집니다.

꾹! 꾹!
흙 밟으며 놀자~

까슬까슬한 모래부터 부드러운 진흙까지, 흙이 주는 다양한 감촉을 발로 느껴보면서 재미있게 놀아보아요. 맨발로 흙을 밟으면 접지 효과와 지압 효과가 있어 면역력도 좋아진답니다.

TIP

- 숲에서 맨발 걷기를 한다면 소나무 숲이 안전해요. 소나무는 타감작용으로 다른 식물들이 못 자라게 하기 때문에 대체로 흙이 정리되어 있답니다.

놀이 2

흙 뭉치며 놀자

흙을 파다 보면 겉과 달리 안쪽 흙은 색이 진한 것을 볼 수 있습니다. 그 흙을 모아 두 손으로 꼭~꼭~ 뭉쳐보면 어느새 주먹밥이 됩니다.

비 온 뒤 숲에 가면 흙놀이가 더 신나죠. 주위에 도랑이라도 있으면 좋지만, 그것도 여의치 않으면 분무기나 페트병을 재활용해 물을 담아가세요. 흙에 물주기를 해서 뭉치면 재미있는 흙놀이가 됩니다.

주먹밥을 만들어
나뭇잎 접시 위에 놓았어요.

흙 속에 담긴 씨앗 하나, 생명을 불어 넣다

뭉친 흙 안에 씨앗을 쏘옥 넣어 씨앗공을 만들어 보세요. 그리고 씨앗을 품은 씨앗공을 숲속으로 던져 선물해 주세요. 그 씨앗은 어디로 갈까요? 씨앗은 자라서 무엇이 될까요? 내가 만든 씨앗공이 훗날 어떻게 될지 기대하는 숲이 되지요. 그리고 놀이를 통해 자연으로 돌려주는 경험은 아이에게 자연을 대하는 자세를 자연스럽게 스며들게 합니다.

놀이 3

슥슥 흙바닥에 그림을 그리자

흙을 보면 본능적으로 나뭇가지로 그림을 그리게 됩니다. 동그라미, 하트모양도 그려보고, 내 이름도 적어봅니다.
가는 나뭇가지는 얇은 선을, 굵은 나뭇가지는 굵은 선을 만들어주죠.
흙과 나뭇가지만 있으면 그림 그리기 준비는 끝. 이제 커다란 흙도화지에 그림을 그려볼까요? 틀려도 괜찮아요. 언제든 지우고 다시 그리면 되니까요!

나뭇잎을 대고 그려보자

나뭇가지로 흙바닥에 쓱쓱~ 나뭇잎 대고 나뭇가지로 나뭇잎의 테두리를 따라 그려보세요. 어때요? 정말 똑같죠?

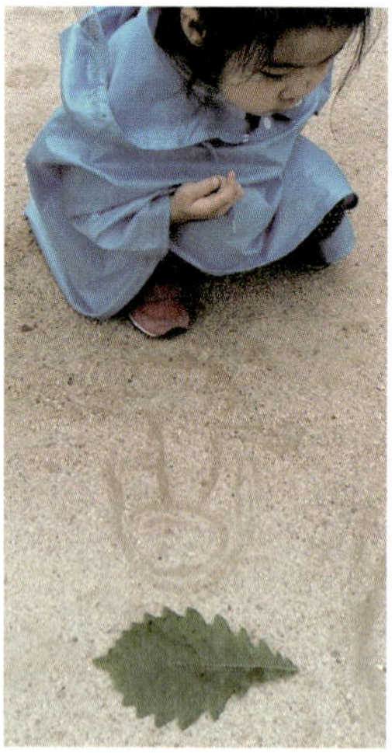

흙을 곱게 쳐서 접시에 담으면 접시는 도화지로 변신! 그 위에 손가락이나 나뭇가지로 그림을 그려보세요. 와~ 흙 사이로 하얗게 그림이 그려져요. 주변에 있는 자연물로 꾸미면 더 다양한 표현이 되지요.

TIP

- 흙은 힘 조절이 중요한 만큼 저연령은 개별활동으로 진행하는 게 좋아요.
- 큰 전지 위에 공동작품으로 하면 또 다른 느낌을 만날 수 있어요.

놀이 4

구불구불 뱀길을 만들자

땅을 파다 보니 어느새 길이 만들어졌어요. 구불구불한 게 꼭 뱀같이 생겼어요. 흙을 파거나 담을 쌓아서 구불구불 뱀길을 만들어 보세요.

함께 만들어 보며 협동심도 기르고 뱀길에 물을 부어 물이 흐르는 물길도 함께 관찰해 보아요.

흙을 파거나 담을 쌓아서 뱀길을 만들다 보면 그 길을 지날 수 있는 무언가를 생각하게 됩니다. 물을 흘려보내도 좋고, 주변의 둥근 열매를 굴려봐도 좋지요. 이때 경사진 뱀길이라면 열매나 둥근 자연물은 스스로 구르지만, 평지라면 나뭇가지골프채로 골프 놀이로 변형하면 좋아요.

뱀길이 허전하다고요? Y자 나뭇가지를 찾아와 멋진 장애물 터널 코스도 만들면 재밌죠!

뱀길을 만들다가 발견한 놀이

뱀길을 만들다 보면 자연스럽게 땅을 파는 것에 집중하기 마련입니다. 이때 발견하게 된 돌, 애벌레, 열매들이 '보물'로 여겨져 '보물찾기' 놀이로 변신!

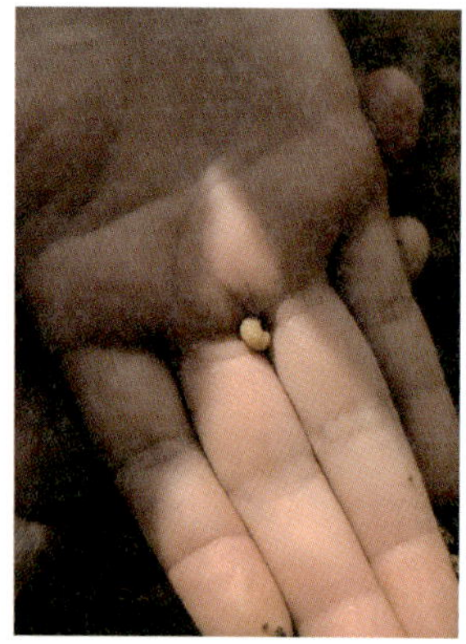

땅을 파다 보면 길게 파는 것도 재밌지만 깊게 파는 것도 흥미롭죠!
깊게 깊게 파다 보니 그릇의 형태가 되었네?

"아픈 다람쥐를 위해 도토리 죽을 만들어주자!"
"다람쥐야, 빨리 먹고 나아~"

TIP

- 놀이를 하고 난 후 파인 땅은 원래대로 되돌려주세요.

놀이 5

요리조리 빚어보자

흙으로 아이들이 가장 많이 하는 놀이 중 하나는 흙 케이크일 거예요. 흙놀이는 지속적으로, 반복적으로 많이 경험하게 해주어야 합니다.
다양한 흙 케이크 세계로 초대합니다!

- **1단계** : 흙놀이 초반이나 저연령은 그릇에 담아 자연물을 꾸며보는 것만으로도 충분해요!

타르트지에 흙담아 만들기

모래놀이 도구로 찍어 만들기

- **2단계** : 틀에 물이나 자연물을 섞어서 만들어 봐요. 물의 농도에 따라 흙의 굳기와 점도가 달라 아이들이 원하는 형태를 만들어가기 위한 탐색 과정이 아주 중요하답니다.

흙과 흙 사이에 자연물을 넣은 케이크

케이크판에 만든 2단 케이크

- **3단계** : 다양한 재료를 사용해 요리해요.

소풍도시락(버찌주스, 샐러드, 주먹밥)

슈가파우더를 뿌린 케이크

TIP

- 돌가루를 만들어 뿌리기
- 밝은색의 흙 체치기
- 밀가루 반죽 굳은 것 재활용해 체에 갈아서 사용하기

함정을 만들자

열심히 땅을 파다 보면 아이들의 생각이 점점 커집니다. 깊게 판 땅에 무엇을 만들어 보면 좋을까요?
구덩이가 보이지 않게 나뭇가지와 낙엽을 덮어 함정을 만들어 보세요. 함정에 누가 빠질지 재미있는 상상으로 웃음이 지어집니다.

숲을 걸어가다가 함정에 발이 빠짐과 동시에 깔깔거리는 소리가 들립니다. 친구들이 함정을 만들어 놓은 줄 모르고 지나가던 것이었습니다. 그 순간 아이들의 함정을 만드는 방법은 점차 업그레이드됩니다. 단순한 함정을 만들던 것에서 주변 환경과 똑같게 하려고 같은 낙엽과 돌, 열매, 나뭇가지도 점차 자연스럽게 배치하면서 서로를 속이기 위해 방법을 고안해 냅니다. 이 과정에서 아이들의 생각은 자라나고 발현적 숲놀이가 빛을 발하게 됩니다.

놀이 7

꼭꼭 꾹꾹 흙도장을 찍자

흙놀이를 많이 해보았다면 이번에는 물과 흙을 섞어 온몸으로 그 감촉을 느껴보세요. 처음에는 더럽다고 생각하는 유아들도 있겠지만, 점차 손으로, 발로 흙도장을 찍다보면 진정한 흙놀이 매력에 빠질 거예요.

흙도장을 찍으면서 몸과 마음의 자유로움을 경험해 보세요.

천에 손, 발 도장 찍어보기

흙길 만들어 발도장 찍기

나뭇잎에 얼굴 그리기

TIP

간단한 페트병 샤워기

- 페트병 아래쪽 몸통에 구멍을 여러 개를 뚫어 놓고, 뚜껑을 살짝 돌리면 물이 나옵니다. 뚜껑을 잠그면 다시 물이 안 나오게 되지요.
- 숲에서 나무에 페트병을 묶어두고 사용하면 놀이 후 아이들이 재밌고도 편하게 손을 씻을 수 있답니다.

자연물 찍어 그림 그리기

숲에서 교실로…

1 흙가루 그림

오래되거나 놀이하던 굳은 찰흙을 활용해 보세요. 검은색 도화지를 바닥에 놓고 굳은 찰흙을 체에 갈면 고운 가루가 도화지에 떨어집니다. 그 위에 손가락이나 도화지로 그림을 그리면 재밌는 흙그림이 되지요!

실내에서 흙가루를 만드는 놀이이므로 개별로 세팅해 주면 좋아요. 놀이하고 정리하기 쉽게 지원해 주세요.

- 준비물 : 넓고 깊은 쟁반, 손잡이가 있는 체, 빗자루 세트, 면봉, 숟가락

2 흙물감을 만들어요

흙가루가 물을 만나면 너무나 재밌는 흙물감이 만들어져요. 여러 가지 흙을 찾아 물을 섞어 흙물감을 만들면 다양한 색이 나오지요.

흙물감을 손으로 짜보기도 하고 찍어보기도 하면서 나만의 흙그림을 그려봅니다.
크기가 다른 페인트 붓, 수채화 붓, 엄마가 화장할 때 쓰는 화장 붓으로 그림을 그려봐도 재미있어요.

TIP

- 흙먼지가 날 수 있으니 흙놀이 영역 바닥에 비닐을 깔고 분무기를 뿌려 주면 먼지가 코나 입으로 들어가는 걸 방지할 수 있어요.

3

흙 마라카스 만들기

다양한 흙이 내는 소리를 들어보세요. 입자가 다른 흙을 플라스틱 통에 넣어주면 각기 다른 소리를 느껴볼 수 있어요. 물론 여러 가지 통을 이용하면 더 다양한 소리를 만들어 볼 수도 있답니다.

TIP

- 흙병을 흔들어 소리를 탐색해 보고 무거운(낮은) 소리와 가벼운(높은) 소리를 구분해 보세요. 그리고 음악에 맞춰 연주해 보세요.
- 같은 종류의 흙병을 두 가지 만들어 놓고 병을 불투명으로 만든 뒤 짝 찾기 놀이를 해보세요.

함께 보아요

관련 도서

자연과 친구되는 사계절 흙놀이

양은희 지음/ 북센스

자연의 상징이며 생명의 근원인 흙의 소중함과 흙놀이의 필요성을 담은 흙놀이 소개서입니다.
누구나 좋아하고 쉽게 할 수 있는 흙놀이!
아이들이 좀 더 흙과 자연과 친해지고 친구가 되는 방법을 알려주고 있습니다.

흙이 꾸는 꿈

황율 글, 그림/ 파란의자

어마어마한 생명을 품고 있는 흙!
흙에서 숨쉬고 있던 씨앗이 싹을 틔우고 점점 자란 숲으로 되기까지의 모습을 흙의 시선으로 담아낸 그림책입니다.
씨앗을 포근하게 품어 생명을 틔워내는 흙의 꿈을 응원하며 씨앗의 소중함을 느낄 수 있습니다.

으랏차차 흙

박주연 글, 이유정 그림/ 길벗어린이

의인화하는 그림책들과 달리 흙의 존재 자체를 접근하는 책입니다. 질문을 따라서 흙의 성질, 흙의 순환, 흙의 종류, 동식물의 관계 등 생태계의 관계성을 알고 호기심을 확장해 나가도록 구성되어 있는 책입니다.

동영상

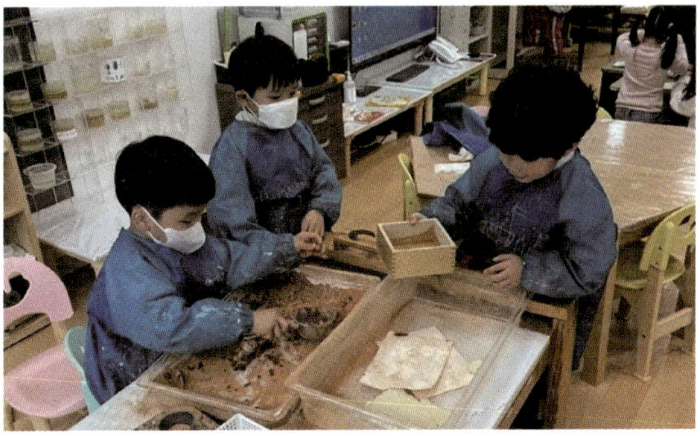

청심유치원의 흙놀이

https://www.instagram.com/reel/CsM5sZ0AVPC/?igsh=djVvbGpvOWpqa291

그림책과 떠난 숲토리

놀이흐름도

『흙이 좋아』를 읽고

흙색이 모두 달라요

발로 꾹꾹 밟아보기

흙 마라카스 만들기

흙을 뭉쳐보자

흙그림도 그리고

뱀길도 만들었죠

흙도장 찍기

Chapter 6

예술가 거미

거미_서아

거미줄을 치고 있는 거미 한 마리
거미줄 모양이 특이하네
체크 무늬, 하트 무늬, '거미'라는 글씨 모양
다 짓고 나니 힘들다.

비오고 난 새벽, 거미줄에 이술 조롱조롱 맺혀있다.
톡! 건드리면 떨어질 것 같은 아기이슬 열매
거미는 어디 갔는지 안 보이고
풀잎 사이에 숨어있는 눈 8개와
거미줄 걸려 버둥거리는 날파리 한 마리만 보이네

예술가 거미

탕무니우 글, 그림/ 보림

'거미' 하면 어떤 이미지가 떠오르시나요?
털이 북슬북슬 긴 다리? 여러 개의 눈? 아니면 타란튤라 같은 맹독성 거미가 떠올라
대부분의 사람들은 소리부터 칩니다. 꺅! 하고요.
아이들도 마찬가지예요.
"징그러워!", "무서워!" 하지만, 어른과 달리 두 눈은 거미를 향해있습니다.

아더는 꼬마 아이가 남기고 간 사탕 포장지를 이용해
아주 특별한 거미줄을 만든 다음, '나무 위의 새'라고 제목을 붙였답니다.
바람을 따라 움직이는 거미줄이었어요.
- 본문 중에서 -

거미는 하루가 멀다고 거미줄을 치고, 다듬고 보수하느라 무척 바쁩니다. 그렇다면 거미는 어떤 줄부터 만들까요? 모두 동그랗게 만들까요?

이 책은 거미줄을 색다르게 바라보게 해주는 그림책이에요. 아더 또한 다른 거미들처럼 열심히 거미줄을 칩니다. 다만, 자신이 보는 대로, 느끼는 대로 자신만의 거미줄을 만들어 갑니다. 그러다 보니 먹이가 잘 잡힐리 없기에 부모님과 다른 동물들은 코웃음을 칩니다. 물론 거미줄에 아무것도 걸리지 않아 쫄쫄 배가 고프기도 했지요.

하지만 아더의 예술적인 거미줄에 숲속 동물들은 점차 인정해 주고 먹이를 가져와 거미줄과 바꾸기까지 합니다. 자신이 원하는 일을 꿋꿋이 하면서도 모두에게 기쁨을 주는 멋진 거미로 자라납니다.

어쩌면 우리도 방사형태의 거미줄만 생각하는 편견을 갖고 있었을지도 모릅니다. 아더의 거미줄처럼 다양한 거미줄을 찾아보는 건 어떨까요? 그리고 아이들과 이름도 지어보세요.

거미의 활동이 활발해지기 시작하는 가을 초입. 공원에서, 아파트에서, 숲에서 쉽게 찾아볼 수 있는 거미의 세계로 초대합니다!

자연물 만나기

관찰 1

모든 거미가 거미줄을 칠까요?

거미는 알에서 태어나면서 거미줄을 쳐서 이동하고, 그물을 쳐서 집도 만들어요. 거미줄로 집을 짓고 사는 거미를 '정주성 거미'라고 하지요.

많은 사람들은 거미가 거미줄을 칠 거로 생각하지만 꼭 그렇지 않아요. 늑대거미류나 깡충거미는 스파이더맨처럼 돌아다니며 거미줄을 던져서 잡는 거미들도 있어요. 거미줄로 집을 짓지 않고 돌아다니면서 사냥하는 거미를 '배회성 거미'라고 한답니다.

정주성 호랑거미류

배회성 늑대거미류

관찰 2

거미는 어디에서 볼 수 있나요?

어디를 가야 거미를 만날 수 있을까요? 거미들은 생각보다 우리 주변에 가까이 있어요. 아파트단지 낮은 나무에도, 계단에도 있고, 공원의 데크 구석에서도 많이 볼 수 있어요. 특히나 화장실 같은 곳에서는 더욱 자주 만날 수가 있습니다. 왜냐하면 거미는 구석이나 어둡고 습한 곳을 좋아하기 때문이지요.

풀숲으로 가보자

풀숲이나 낮은 관목들을 유심히 살펴보면 멋진 거미줄을 발견할 수 있어요.

비 오는 날 물방울 보석이 송알송알 맺힌 거미줄을 찾아보세요.

잎이나 풀 뒤를 들춰보면 애거미들도 발견할 수 있답니다.

관찰 3

거미줄의 모습은 모두 똑같을까요?

보통 거미줄 하면 둥근 형태(방사형)를 많이 떠올리실 거예요.
조금만 주위를 살펴보면 거미의 종류에 따라 그물 모양도 다양하답니다.

1) 둥근 그물

공중에 치는 규칙적인 바퀴 모양의 그물이에요(왕거미류, 호랑거미류, 먼지거미류). 특히 X자나 I자 모양의 흰 띠는 호랑거미류에서 볼 수 있는 가장 큰 특징인데요. 흰 띠는 천적으로부터 자신을 보호하는 수단이랍니다.

꼬마호랑거미

2) 접시 그물

접시 모양 또는 사발 모양으로 불규칙하게 펼쳐져 있는 그물을 말해요(접시거미류). 주로 나뭇가지 사이에서 많이 볼 수 있고, 작은 것부터 큰 것까지 그 크기도 다양하답니다.

검정접시거미

3) 3중 그물

둥근 모양이지만 입체적으로 지은 거미줄이 있어요. 바로 무당거미의 줄인데요.
우리 주변에서 가장 많이 볼 수 있는 거미 중 하나예요.
맨 앞은 방어용, 중간은 사냥용 줄, 맨 뒤쪽은 쓰레기장입니다.
쓰레기를 모아놓은 건 천적으로부터 시선을 분산시킬 수 있기 때문이죠.

화려한 건축가 무당거미

4) 깔때기 그물

언뜻 보면 접시 그물과 비슷해 보이지만 안의 형태를 보면 확연히 다름을 알 수 있어요(깔대기거미류, 들풀거미류). 주로 회양목 같은 관목에서 볼 수 있는데요. 널찍한 형태 안을 자세히 들여다보면 깔때기 모양으로 생긴 걸 볼 수 있어요.

들풀거미는 그 깔때기 안에 숨어있다가 먹이가 그물을 건드리면 재빨리 나와 사냥한답니다. 또한 나무줄기나 바위 같은 곳에서도 깔때기 그물을 자주 볼 수 있답니다.

회양목에 친 들풀거미줄

깔대기거미류

들풀거미

놀이 1

거미줄을 탐색해요

과연 거미도 거미줄에 걸릴까요? 다른 곤충이 달라붙게 하려고 만든 거미줄이지만, 거미 자신도 거미줄에 걸리기도 한대요. 다만, 거미의 다리에는 털이 많고 기름 성분이 있어서 줄에 걸렸어도 금방 떨어진답니다.

그리고 또 하나의 비밀!

거미줄 중에 가로줄(방사형 모양)에만 끈적이고 세로줄은 끈적이지 않아요.
그래서 거미들은 주로 세로줄을 통해서 움직인답니다.
산책하다가 거미가 살지 않는 거미줄을 발견한다면 탐색해 보세요. 가로줄과 세로줄에 각각 나뭇잎을 붙여보세요. 신기하게도 가로줄에만 나뭇잎이 붙는답니다.

작은 나뭇잎 붙이기에 성공했다면 좀 더 큰 나뭇잎을 붙여보세요. 그런 후 가느다란 나뭇가지도 도전해 보세요. 나뭇가지도 달라붙는 거미줄의 강력한 힘에 아이들이 놀란답니다. 하지만 거미가 살고 있는 집에 붙인다면 생존을 위해 하나하나 거미가 떼어내느라 힘들게 돼요. 꼭! 빈 거미줄에 탐색해 보세요.

놀이 2

거미줄 만들기

방사형 모양의 거미줄은 아이들을 한순간에 매료시킵니다. 빗방울이 맺히면 알알이 진주 구슬을 꿰어낸 목걸이 같기도 하고, 스파이더맨이 떠올라 칭칭 감는 모습을 상상하기도 하죠. 우리가 만난 거미줄을 자연물로 만드는 자체만으로도 충분한 놀이가 됩니다.

1) 나뭇가지와 자연물, 찰흙을 이용해서 거미줄의 형태를 구성하여 공동 작품을 만들어요.

2) 면밧줄을 이용하여 주변 나무 사이를 엮으면 커다란 거미줄을 만들 수 있어요. 무당거미처럼 얼기설기 거미줄을 엮은 후 나뭇잎으로 위장했더니 감쪽같아요. 이러한 공간을 보고만 있을 수 없겠죠? 거미와 곤충의 역할로 나누어 빠져나가기 놀이를 하며 게임으로 연계할 수도 있지요.

칡잎이 거미가 잡아먹으려고 걸어 둔 먹이 같아!

TIP

- 거미의 모형을 만들 때 필요한 찰흙은 생각보다 많이 필요하지 않아요. 1인당 통통한 알밤 사이즈 정도만 있어도 충분히 만들 수 있지요.
- 주변에 칡덩굴이 있는지 확인해 보세요. 한 줄기 정도 채집하여 면밧줄과 함께 거미줄을 표현하면 더욱 근사한 대왕거미집이 된답니다.

놀이 3

거미줄로 놀아요

거미줄을 만들었으니 거미 놀이를 해볼까요?

1) 칡덩굴(거미줄)로 림보놀이를 즐겨봅니다. 곤충이 거미줄에 걸리지 않도록 잘 빠져나가는 놀이로 연계해요.

2) 거미 역할을 맡은 아이들이 나무 사이사이를 면밧줄로 감아 거미줄을 쳐 놓는 동안, 곤충 역할을 맡은 아이들은 원하는 신체 부분에 잎사귀를 물로 붙여 초록 곤충으로 변신을 해요. 초록잎을 붙인 상태로 거미줄을 빠져나가되, 잎이 떨어지면 거미에게 잡힌답니다.

TIP

- 거미줄로 구성하는 면밧줄은 고무줄이어도 좋습니다. 단, 어두운색보다는 밝은색으로 사용하면 아이들의 안전을 더 고려할 수 있어요.

놀이 4

아기거미의 집짓기

알에서 애거미가 처음 태어났을 때는 뭉쳐서 살지만, 어느 정도 자라면 독립해서 스스로 집을 지어야만 하는 거미. 우리도 애거미가 되어 거미줄을 쳐서 집을 지어보아요.

*** 미리 준비해주세요!**

가는 밧줄로 나무에 2개의 세로줄(거미가 지나가는 길)만 묶어 둡니다.

① 두 팀으로 나눕니다.

② 애거미가 되어 마끈으로 가로줄을 만들어 집을 짓습니다. 마끈을 양쪽 밧줄에 한 번만 묶어주면 됩니다. 이때 거미(유아)가 들어갈 간격이 되도록 조정해 줍니다. (마끈은 묶지 않더라도 밧줄에 두 바퀴만 돌려도 풀리지 않아 털실이나 다른 끈보다 유아들이 사용하기 좋습니다.)

③ 거미줄 가장 바깥에 한 줄로 섭니다.

④ 시작신호를 주면 거미줄에 닿지 않게 이동하여 거미줄 가운데에 있는 먹이(알사탕)를 가져옵니다. 릴레이로 놀이를 진행합니다.

⑤ 놀이가 끝나면 거미처럼 먹이(사탕)를 빨아 먹습니다.

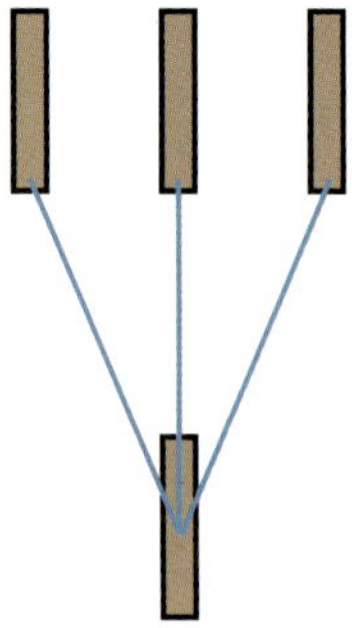

TIP

- 방울을 중간중간 달아주면 소리로 닿았는지 알 수 있어 흥미가 고조돼요.
- 사탕이 아니더라도 돌이나 솔방울처럼 자연물을 먹이 대신 활용해도 좋아요.

1

애거미야, 날아라! 색실로 바람 느끼기

숲에서 교실로…

누구 거미줄이 멀리 갈까요?

거미가 내뿜은 거미줄은 매우 얇아 가벼우면서도 강철보다 약 5배나 강한 장력을 자랑하지만, 강력한 바람으로 인해 끊어질 때도 있습니다. 이렇게 끊어진 거미줄은 어디만큼 날아갈까요?

누구의 거미줄이 바람에 제일 멀리 날아가는지 한번 살펴볼까요?

① 선풍기(바람) 앞에 얇은 색실을 준비해서 날려봅니다.
② 누구의 실이 제일 멀리 날아갔을까요?
③ 줄자를 이용해서 나의 거미줄이 얼마나 날아갔는지 길이를 재어보세요.
④ 날아간 실은 바닥에 떨어져 어떤 모양으로 만들어졌을까요?

TIP

- 하얀 종이에 떨어진 실을 따라 그려보기, 연상되는 그림 그려보기 등 연계된 확장 수업을 할 수 있습니다.

함께 보아요

관련 도서

딩동~ 거미 도감

박지환 글과 사진/ 지성사

『딩동~ 거미 도감』은 집 주변이나 산과 들에서 볼 수 있는 거미를 가려 뽑아 정리한 도감입니다. 줄을 치거나 땅 속에 집을 짓고 한 곳에 사는 거미 무리, 그물을 치지 않고 땅 위나 풀밭, 꽃잎이나 나뭇잎 위를 떠돌아다니는 거미 무리 순서로 배치한 도감입니다.

주머니 속 거미 도감

이영보 글과 사진/ 황소걸음

우리나라에 사는 것으로 알려진 거미 679종 가운데 일상생활에서 볼 수 있는 종을 중심으로 142종을 담은 거미 도감입니다. '거미의 생김새와 특징', '채집과 관찰'에 필요한 내용과 용어 설명이 자세히 되어 있어 거미에 대한 이해를 도울 수 있습니다.

와! 거미다

손윤환 글과 사진/ 지성사

거미의 생김새뿐 아니라 사는 곳과 생태에 대한 정보를 아이들이 읽기 쉽게 쓴 책으로, 읽고 나면 거미도 인간과 함께 살아가는 소중한 생명체라는 것을 느낄 수 있습니다.

동영상

우리 주변에서 흔하게 볼 수 있는 거미들을 영상으로 만나보세요.

거미야 놀자

https://youtu.be/ewfapRYWZ8I?si=IdW-4T2Z_bx1ztYm

그림책과 떠난 숲토리

놀이흐름도

『예술가 거미』를 읽고

거미줄도 찾아보고

거미줄도 탐색해
보았어요

거미야(색실),
날아라!

바닥에도 집 짓고

공중에도 집을 지었어요

거미줄에 걸리지 않게
빠져나가는 놀이도 했죠

애거미가 되어
거미집도 지었어요

Chapter

7

휴, 다행이다

도토리_예록*

톡 토도톡 톡
무슨 소리가 났는데?
멧돼지인가?
톡 톡
무슨 소리가 났는데?
뻑뻑새인가 새가 왔나?
토도톡톡
아~ 아
도토리구나

---

* 세종에서 살고 있는 초등학교 2학년 어린이- 토끼의 딸

휴, 다행이다

기술렌로망 글, 톰 샴프 그림/ 푸른숲주니어

다람쥐 한 마리,
도토리를 덥석 집어
땅속에 꽁꽁 숨겨 놓고는
"휴, 다행이다!"
까맣게 잊어버렸네.
- 본문 중에서 -

작은 도토리 한 알, 씨앗에서 커다란 나무로 자라기까지 수많은 위기가 닥칩니다. 커다란 바위에 부딪혀 깨질뻔하기도 하고, 숲속 동물들에게 먹히는 위기에 처하기도 합니다. 커다란 산불, 벌목을 당하는 상황에 맞닥뜨리게도 됩니다. 그럼에도 불구하고 떡갈나무는 온전히 살아서 아이들에게 포근한 공간을 제공하며 행복하게 살아갑니다.

이 책은 떡갈나무의 한살이를 숲속으로 옮겨놓은 듯한 그림이 매력적입니다. 삽화 사이사이 숲을 지켜보는 것만 같은 눈이 있어 한 번 보고, 두 번 볼 때 숨은그림찾기 하는 재미가 쏠쏠합니다.

이 책을 읽고 숲으로 가면 떨어져 있는 도토리 한 알이 매우 소중하게 느껴질 거예요. 그리고 주머니에 넣었던 아이들이라면 자연스럽게 심어주는 마음이 생길 테고요. 숲을 다녀온 후 그림책을 본다면 우리가 만났던 도토리들에게 많은 이야기가 숨어있었구나 하면서 다음 숲 나들이를 기다리게 될 겁니다. 토독! 토독! 도토리가 가득한 숲으로 함께 떠나보시죠~

자연물 만나기

관찰 1

도토리가 달라요

산에 가면 도토리가 열리는 참나무 6형제가 있어요.

떡 싸 먹자 떡갈나무
신에 깔자 신갈나무
지붕에 얹자 굴참나무
임금님 도토리 상수리나무
조그만 졸참나무
가을의 참나무 갈참나무

다 같은 도토리인 줄만 알았는데, 가만가만 살펴보니 도토리의 모양도 모자(각두)도 잎도 다 달라요. 우리 주변에서 흔하게 볼 수 있는 도토리가 열리는 나무들을 좀 더 자세히 알아볼까요?

굴참나무와 상수리나무

굴참나무

상수리나무

굴참나무의 잎은 뒷면에 누운 털이 깔려 있어서 하얀빛을 띠지요.
반면 상수리나무의 잎은 앞, 뒷면의 색이 다르지만 모두 초록빛이에요. 잎 가장자리에는 바늘 같은 침이 있고 잎끝이 뾰족한 모양이지요.
도토리는 둘 다 털모자를 쓰고 있고 모양은 동글동글하며 크기도 크답니다.

떡갈나무와 신갈나무

잎은 모두 잎자루가 없고, 가장자리(엽연)가 물결 모양이에요. 잎을 만져보면 떡갈나무의 잎은 거칠거칠, 신갈나무의 잎은 맨질맨질 하지요.
떡갈나무의 도토리 모자는 털모자이고, 붉은 갈색이지요. 마치 러시안 모자 같아요. 신갈나무의 도토리 모자는 빵모자같이 생겼는데, 오톨도톨한 느낌이 나지요. 도토리는 동글동글하고 약간 납작하답니다.

떡갈나무

신갈나무

갈참나무와 졸참나무

갈참나무

졸참나무

잎은 둘 다 잎자루가 있고 물결 모양이지만, 갈참나무의 잎은 뒷면에 누운 털이 있어서 흰빛을 띠어요. 반면 졸참나무의 잎은 안으로 쏙쏙 들어가는 곡선(내곡형)이에요. 도토리 모자는 털이 없는 빵모자이고, 도토리는 약간 길쭉한 동그라미 모양이지요. 졸참나무의 도토리는 참나무 6형제 중에 제일 작답니다.

상수리나무 잎과 비슷하지만 다른 밤나무 잎

상수리나무 잎의 가장자리에 있는 바늘 같은 침은 갈색으로 광합성을 하지 않지만, 밤나무는 녹색으로 광합성을 할 수 있답니다.
특히 밤나무에는 밤나무 혹벌집이 많이 달려있어서 밤나무와 상수리나무와 비교할 수 있지요.

밤나무

밤나무혹벌집

숲에서 놀아요

놀이 1

도토리 요정 만들기

아이들은 도토리를 찾으면 주머니에 쏙~넣어서 가져가곤 해요. 그런 아이들에게 도토리로 즐겁게 놀고 자연스럽게 자연에 돌려주는 놀이입니다.

자, 도토리가 나무가 될 수 있도록 꼭꼭 숨겨볼까요?

도토리를 찰흙이나 지렁이 똥으로 만든 흙에 꼭꼭 숨겨요.
동그랗게 얼굴 모양을 만들고,
도토리 모자도 씌워줘요.
주변의 열매로 눈, 코, 입을 만들면
귀여운 도토리 요정으로 변신!

숲의 요정이 지켜줄 거야

도토리 요정 얼굴에 나뭇가지를 꽂은 후 나뭇잎과 열매들로 옷을 만들어주세요. 막대인형이 되어 이 숲 저 숲을 날아다니고, 큰 나무 아래에 꽂아 숲의 정령이 되어 우리가 놀이하는 숲을 지켜달라고 빌어보세요. 아이들에게 숲은 어느새 동화의 숲으로 다가옵니다.

놀이 2

도토리 밥상 차리기

자그마한 도토리 모자를 보면 마치 그릇 같아요. 아이들의 손에 딱 맞는 크기로 본능적으로 자연물들을 담기 마련이죠.

도토리의 모자는 작은 그릇으로 사용하여 미니어처 자연밥상을 차려도 좋고, 도토리 자체를 음식의 재료로 사용하여 찰흙과 함께 꾸며 푸짐한 밥상을 차릴 수도 있어요.

도토리 3첩 밥상

나뭇가지는 젓가락으로 변신

구멍 난 나무에
맛있는 음식을 차려
아픈 마음을
달래주었어요.

TIP

- 밥상을 차린 후 어디에 놓아야 할지 고민이 될 때는 나뭇잎, 나무의 옹이, 나무 액자를 이용해 보세요. 근사한 쟁반이 되어준답니다.

놀이 3

도토리 굴리기

도토리를 손으로 조물조물 놀다가 땅에 떨어트렸어요.

"어! 도토리가 굴러가네?"

공처럼 동그란 도토리는 데굴데굴 잘도 굴러가요. 그 순간 도토리는 공이 되고 구슬이 되는 마법이 벌어져요.

1) 도토리의 데굴데굴 굴러가는 특성에 관심이 생기면, 흙을 파서 길을 만든 후 도토리 코스 놀이를 즐겨보세요.

더 깊이 파보자!

▶ 장애물 통과놀이

2) 나무줄기에 기대어 나뭇가지와 잎으로 경사진 길을 만든 후 도토리를 굴리며 롤링볼 놀이를 해도 재밌지요!

TIP

- 흙을 파서 길을 만들 경우는 경사진 구조에서 하는 것이 좋아요.
- 흙길을 만들어 도토리를 굴리는 놀이로 즐겨도 좋고 도토리처럼 둥근 것을 찾아 굴려보면서 비교 탐색을 하기도 하고 물을 흘려보내는 놀이를 하는 등 다양한 놀이로 확장할 수 있어요.

놀이 4

도토리 모자로 놀아요

우리 얼굴이 다르듯이 도토리 모자도 다 달라요. 도토리 모자를 찾아 손가락에 씌워주고 눈, 코, 입을 그려주면 손가락은 얼굴로 변신! 네임펜으로 표정도 다양하게 해주면 더 즐거워요.

서로 다른 도토리 모자들을 손가락에 끼워주고, 도토리 5형제 친구들을 만들어 볼까요?

TIP

- 모자의 크기에 따라 가족 놀이도 될 수 있고, 다양한 모자를 찾으면 모자가게 놀이도 할 수 있어요.
- 아이들의 손가락이 가늘어 잘 고정이 되지 않을 수도 있어요. 그럴 때는 조각 접착제를 이용해 살짝 얹어주면 오랫동안 떨어지지 않고 놀이할 수 있어요.

놀이 5

도토리 숨기기 놀이

1) 다람쥐와 도토리

겨울잠을 자기 전 다람쥐는 도토리와 알밤을 땅속 여러 군데에 숨겨 놓아요. 겨우내 잠을 자다 배고프면 찾아 먹지만 종종 잊어버리곤 합니다. 다람쥐가 숨겨 놓고 잊어버린 도토리와 알밤들이 자라나 커다란 나무가 되어 숲을 만들었답니다. 우리도 다람쥐가 되어 겨울 동안 먹을 도토리를 숨겨볼까요?

① 아이들에게 도토리(또는 밤) 3개를 나누어 준다. (숲에서 주워서 하면 더 좋아요.)
② 다람쥐가 되어 도토리를 1개씩 모두 3군데에 숨긴다.
③ 일정 시간이 흐른 후(간단한 놀이나 그림책을 들려줄 만큼의 시간) 자신이 숨긴 도토리를 찾아온다.
④ 잘 찾아온 다람쥐에겐 배불리 먹겠다고 칭찬해 주고, 찾지 못한 아이에게는 커다란 도토리나무 한 그루를 심은 거라며 크게 칭찬해 준다.

2) 다람쥐와 어치

열심히 도토리를 땅에 묻는 다람쥐, 그리고 도토리를 좋아하는 또 다른 동물 어치가 있습니다. 다람쥐가 도토리를 숨기는 모습을 나무 위에서 지켜보던 어치는, 다람쥐가 떠나자마자 몰래 훔쳐먹기도 합니다.
자, 도토리를 숨기는 다람쥐와 그걸 찾아내는 어치가 되어 놀이해 볼까요?

① 다람쥐와 어치 두 팀으로 나눈다.
② 다람쥐 팀은 도토리를 숨기고(1개씩), 어치 팀은 숨어서 다람쥐가 어디에 숨기는지 지켜본다.
③ 다람쥐 팀이 다 숨기면, 어치 팀이 도토리를 찾으러 간다.
④ 모두 몇 개를 찾았는지 확인한 후 팀을 바꾸어서 진행해 본다.

숨기는 다람쥐 팀

지켜보는 어치 팀

TIP

- 연령에 따라 숨기는 도토리의 개수를 조절해 주세요. 그리고 놀이를 한번 해보았다면 개수를 늘려서 다시 반복해도 좋아요.
- 교사가 시범을 꼭 보여주세요. 특히 다람쥐와 어치의 놀이 경우 다람쥐도 어치를 속이기 위해 가짜로 숨기는 척하기도 합니다. 교사가 시범을 보이면서 알려준다면 더욱 역동적인 놀이가 될 거예요.

숲에서 교실로…

1

도토리 마라카스 만들기

바닥에 떨어진 도토리, 떼굴떼굴 굴러 어디로 갈까요?

"떼굴떼굴~ 또르르르... 통통통!!!"

도토리가 굴러가는 소리를 도토리 마라카스로 표현해 보아요.

(1) 도토리가 떨어져서 굴러가면 어떤 소리가 들릴지 이야기해 보세요.

(2) 주변에 뚜껑이 있는 투명 통에 도토리를 1~5개 각각 넣어보고 흔들어 소리를 탐색해 봅니다.

(3) 새 노래 '도토리' 음악에 맞춰 마라카스 연주를 해보세요.

TIP

- 도토리 종류는 많아요. 다양한 모양과 크기가 다른 도토리를 종류별로 넣어 들리는 소리를 탐색해 보세요.
- 도토리 말고도 모자를 넣으면 또 다른 소리가 난답니다.

2

도토리 인형

도토리 모자를 나무에 씌워주면 어떻게 될까요? 도토리마다 각자 모자의 생김새가 다르다고 합니다. 도토리 인형을 만들어 재미있는 상상 놀이를 해보세요.

① 나뭇가지와 도토리 모자, 사인펜, 목공본드를 준비해 주세요.
② 나뭇가지에서 얼굴을 그릴 부분을 교사가 칼로 어슷썰기 해서 지원해 주면 얼굴 쪽이 구분되어 그리기가 편해요.
③ 어슷썰기한 부분에 사인펜으로 얼굴을 꾸민 뒤 머리에 도토리 모자를 목공용 풀로 고정합니다.
④ 자연물 영역이나 아이들이 만든 상상의 공간에서 놀이해 보세요.

3

도토리 숟가락 옮기기

도토리 모자와 나뭇가지가 만나면 멋진 숟가락으로 변신! 숟가락으로 전달하기 놀이도 해보고, 릴레이 달리기도 하면서 집중력과 협동심을 길러보세요.

함께 보아요

관련 도서

다람쥐는 모를 거야

천미진 글, 강은옥 그림/ 키즈엠

『다람쥐는 모를 거야』는 다람쥐의 습성으로 숲이 이루어지는 배경을 귀여운 이야기와 재미있는 그림으로 풀어낸 그림책이에요.
아이들과 함께 읽으면서 자연의 섭리와 자연과 공존하기 위해 우리가 해야 할 일에 대해 함께 이야기 나누어보면 좋아요.

참나무는 참 좋다!

이성실 글, 권정선 그림/ 비룡소

작은 도토리 한 알에서 커다란 숲을 이루는 참나무의 한살이가 모두 담긴 책입니다. 우리나라 숲에서 흔하디흔한 참나무를 자세히 관찰하며 자연을 더욱 가깝고 친밀하게 느낄 수 있는 기회가 됩니다.

장산범과 도토리

최정은 글, 전민결 그림/ 다림

욕심 많은 사람들로부터 도토리를 지키기 위해 고군분투하는 다람쥐의 이야기예요. 생동감 넘치는 숲속 동물들의 표정, 다람쥐에게 도움을 주려는 동물 친구들이 따뜻한 마음도 놓칠 수 없는 포인트예요. 인간과 동물이 공존하는 삶에 대해 한번쯤 생각해 보게 하는 책이랍니다.

동영상

도토리 팽이 만들기

https://youtu.be/ig80NUz3bh4?si=J0AHClwfYfp3MQny

그림책과 떠난 숲토리

놀이흐름도

『휴, 다행이다』를 읽고

도토리 6형제도 찾고

도토리 요정나라

도토리 마라카스~♫

도토리야, 굴러라!

맛있는 도토리 밥상

도토리 모자로 놀아요

도토리
인형도 만들었죠

Chapter

8

나뭇잎을 찾으면

나뭇잎 _서아

나뭇잎은 다양하지
나뭇잎은 신기하지

봄에는 연둣빛 나뭇잎
여름에는 무성한 초록빛 나뭇잎
가을에는 알록달록 나뭇잎
겨울에는 어? 어디 갔지?

나뭇잎은 다양하지
나뭇잎은 신기하지

나뭇잎을 찾으면

에이미 시쿠로 글·그림/ 피카주니어

나뭇잎을 잘 찾으면…
추운 날엔 따스한 모자가 되고요.
넘실넘실 멀리 떠나는 돛단배도 되지요.
- 본문 중에서 -

가을하면 어떤 모습이 떠오르시나요?

단풍으로 물든 나무, 바스락바스락 낙엽이 가장 먼저 생각나실 거예요.

이 책은 작은 나뭇잎을 발견하면서 시작된 소녀의 특별한 하루를 단순하면서도 따뜻하게 담아낸 그림책입니다. 표지를 보면 느티나뭇잎이 돛으로 변신하여 어디론가 떠나는 소녀의 모습에서 아이들에게 앞으로 일어날 일들이 무엇일지 궁금증을 불러일으킵니다.

이 책의 가장 큰 장점이자 매력은 다양한 나뭇잎을 구성한 것이 아니라 나뭇잎 그 자체의 생김새를 가지고 상상한다는 것입니다. 은행나뭇잎은 나팔이 되고, 단풍나뭇잎은 따스한 모자가 되는 것처럼요. 우리 아이들도 그렇지 않을까요? 그 자체만으로 무엇이든 될 수 있는 무한한 가능성을 가지고 있습니다.

아이들과 다양한 모습의 낙엽을 발견하고 자연스럽게 관찰 놀이를 통해 가을을 마음껏 상상해 보세요.

자연물 만나기

관찰 1

단풍 든 나뭇잎을 찾아요

자, 그럼 그림책에서 만난 나뭇잎 친구들을 찾아볼까요? 빨강, 노랑, 갈색빛… 저마다 자신만의 색을 띄며 떨어진 낙엽을 보면, 어느 하나 같은 것이 없어요. 모양도 색도 크기도 다양하지요. 낙엽이 된 나뭇잎 그 자체의 특징을 살려서 관찰해 보고, 나만의 방법으로 이름을 지어보세요.

반반 나뭇잎 찾기

어머나! 어쩜 이렇게 신기하게도 붉은색 반, 노란색 반으로 물들었을까요? 아이들과 산책하며 반반 나뭇잎을 찾아보세요.

꽃다발 나뭇잎

알록달록 모여 난 붉은 산철쭉 잎이 마치 꽃다발 같아요. 나뭇잎은 단풍이 드는 순간까지도 누군가에게 선물을 선사합니다.

불타오르는 불꽃

반짝반짝 갈색별!

미처 색을 나타내지 못한 채 떨어지기도 하고, 갑작스러운 온도의 변화로 색이 급격하게 변하기도 합니다. 나뭇잎에 물이 드는 모습의 특징을 살려 이름 짓기를 해보세요.

관찰 2

낙엽이 된 나뭇잎

낙엽의 다양한 색과 모양을 살펴보다 보니, 새로운 모습들이 연상돼요!
겨울을 준비하기 위해 바닥에 떨어진 낙엽들은 저마다 형태가 달라져 우리들의 상상력을 자극하지요~ 그 순간! 낙엽은 더 이상 낙엽이 아니라 나만의 특별한 무엇이 된답니다.

◀ 어묵꼬치

길쭉하게 마른 낙엽은 어묵 같아요. 나뭇가지에 꽂아 어묵꼬치 만들기 완성~ 친구들과 맛있게 냠냠 나누어 먹어요.

◀ 나뭇잎 배

고인 물에 떨어진 낙엽이 둥둥~ 꼭 바다 위에 떠 있는 배 같아요. 여기에 부엉이 같이 생긴 회양목 열매를 배 위에 띄워주니, 부엉이 세 마리의 멋진 바다여행이 시작돼요!

▶ 낙엽버거

겹겹이 떨어져 쌓인 낙엽을 보니 햄버거가 떠올라요. 아이들은 '낙엽버거'라 이름을 지으며 자연스럽게 역할놀이를 합니다.
"낙엽버거 사세요! 아삭아삭 상추, 바삭바삭 낙엽빵이 들어있어요."

관찰 3

단풍이 드는 이유

그런데 낙엽으로 놀다 보니 왜 가을에는 나뭇잎들이 알록달록하게 변신하는지 호기심이 생깁니다! 무슨 이유로 다양한 색으로 변신할까요?

봄과 여름 동안 따뜻한 햇볕을 받으며 무럭무럭 자라던 나무는 해가 짧아지는 겨울에는 잠시 멈추고 겨울을 납니다. 이때 엽록소가 더 이상 생성되지 않는 나뭇잎은 본래의 색들을 찾게 되면서 알록달록 예쁘게 물드는 것처럼 보인답니다.

아이들과 나뭇잎의 변화에 대해 궁금증을 함께 나누어보며 나뭇잎을 관찰해 보세요.

◀ 가을낙엽다발

다양한 색을 조합하여 나만의 화려한 가을낙엽다발을 만들어 전시해도 멋져요.

◀ 얼굴 만다라

다양한 색깔의 단풍잎을 함께 모아 만다라를 만들고 가운데에 표정을 넣어 얼굴을 표현해요.

보자기를 따로 준비하지 않아도 낙엽을 걷어내면 흙도화지가 되지요.
그 위에 단풍 든 나뭇잎으로 그러데이션을 표현해 보세요.

숲에서 놀아요

놀이 1

낙엽 연상화

낙엽은 무궁무진한 놀이를 만들 수 있는 좋은 친구랍니다. 낙엽의 색깔과 모양을 새롭게 연상하여 표현하는 놀이도 할 수 있고요. 낙엽의 일부를 오려낸 후 부분을 그리는 놀이를 하며 관찰력과 표현력을 기를 수도 있어요.

나에게 다가온 나뭇잎 하나…

숲에서 의미 있게 다가온 특별한 모양의 나뭇잎을 찾아보세요. 그리고 어떤 모양인지 상상해 보세요. 재활용 박스종이에 그려진 다양한 숫자, 선, 모양을 살펴본 후 나만의 이야기를 만들어 보세요.

응가를 하는 엉덩이

하하! 3자를 옆으로 뒤집으니 꼭 엉덩이 같아요. 길쭉한 낙엽은 응가로 변신! 윽~ 지독한 냄새~~~

예쁜 내 얼굴

뾰족뾰족 길쭉한 솔잎으로 긴 내 머리를 만들어 보았어요. 동글동글 열매는 커다란 내 눈이 되었죠. 어때요, 제 얼굴과 똑같나요?

빗자루와 만년필

낙엽 전체뿐 아니라 낙엽 일부를 오려낸 후 부분을 그리는 놀이를 하며 관찰력과 표현력을 기를 수도 있어요.

TIP

- 연령이 어리거나, 숲의 경험이 적은 아이들은 교사가 부분 그림을 먼저 그려준 후 그에 맞는 낙엽을 찾아오게 해도 좋아요.
- 그림을 그리지 않고 주변의 자연물로 표현해도 좋아요.

놀이 2

낙엽꼬치

낙엽을 나뭇가지에 꽂아 꼬치 요리를 해보세요. 너무 굵은 가지는 낙엽이 찢어지기 때문에 적당한 굵기의 나뭇가지와 너무 마르지 않은 낙엽을 찾아야 하는 게 중요합니다.
놀이를 통해 눈과 손의 협응력도 길러지고 소근육발달도 쑥쑥~~!!

◀ 알록달록 과일꼬치

빨간잎은 딸기, 노란잎은 파인애플, 초록잎은 키위, 갈색잎은 푹 익은 바나나가 되어 색색의 과일꼬치로 변신!

캠핑놀이를 해보자!

자연물을 활용해 모닥불을 만들어 꼬치를 구워 먹으며 캠핑 놀이로 확장해서 놀이해도 즐거워요~ 빨간 나뭇잎이나 꽃잎은 활활 불꽃으로 변신한답니다.

놀이 3

낙엽 뜀뜰

바스락바스락~ 낙엽을 밟으면 재미난 소리가 나요. 하나씩 밟아도 재밌고, 모아서 밟으니 푹신푹신해요. 떨어진 낙엽을 누가 누가 높이 쌓나 놀이를 하다보니 뛰어넘기 놀이가 자연스럽게 시작됩니다. 떨어진 낙엽을 쌓아 수북이 올리고, 뜀틀로 만들어 뛰어보세요. 진짜 뜀틀처럼 1단계부터 5단계까지 점차 높여서 놀이하면 더 재미있어요!

낙엽뜀틀을 뛰어넘다 넘어지고 말았어요. 어? 그런데 낙엽이 푹신푹신~ 실패했다고 슬퍼하기는커녕 푹신한 곳에 넘어지니 뜀틀은 그 자체로 낙엽 침대가 되었지요. 그대로 자연스럽게 낙엽 침대에 누워보세요. 정말 푹신푹신하죠? 낙엽에서 뒹굴뒹굴, 낙엽을 높이 던져 낙엽 날리기 놀이도 할 수 있지요.

놀이 4

단풍잎 콜라주

낙엽을 자르고 붙여 콜라주 활동은 많이 해보셨을 거예요. 하지만 단풍 든 나뭇잎, 열매, 그리고 가을꽃 그 자체로 구성하기만 해도 멋진 작품이 되지요.

◀ 낙엽 머리핀

알록달록 나뭇잎을 손으로 찢었더니 소리가 재미있어요. 가늘게도 찢어보고 뒤죽박죽 모양으로도 찢어보았어요. 찢은 낙엽을 구성해도 멋진 얼굴이 되기도 하네요.

숲에서 교실로…

1

디지털현미경으로 보는 낙엽의 또 다른 세상

빨갛게 노랗게 물든 나뭇잎을 디지털현미경으로 자세히 들여다보면 어떻게 보일까요? 우리가 모르는 또 다른 세상이 숨겨져 있답니다. 어떤 세상이 보일지 상상해 보세요.

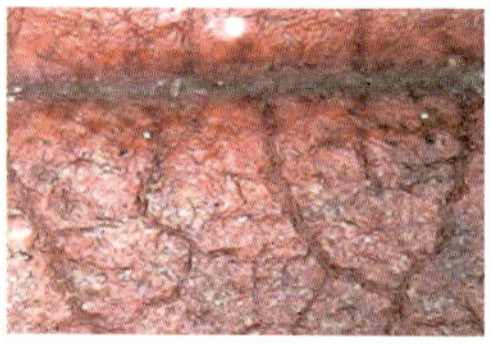

◀ 현미경으로 본 잎맥

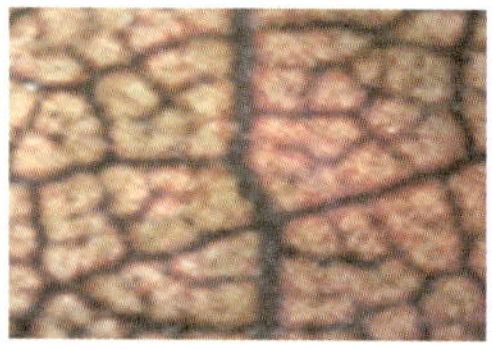

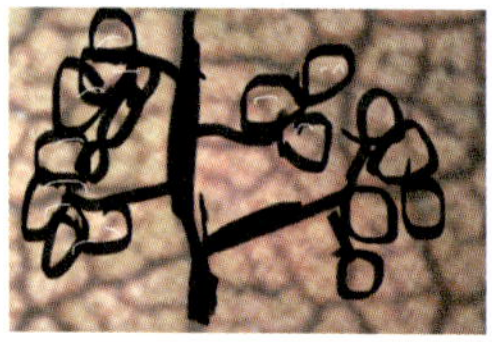

◀ OHP에 확대된 나뭇잎에 연상되는 그림 그리기

TIP

- 디지털현미경은 1000배로 확대해서 보이기 때문에 확대된 모습에서 모양이나 패턴을 찾아보는 활동을 연계해도 재미있어요.
- 주변의 다양한 자연물을 관찰하고 확대해서 '알아맞히기 놀이'로 연계해도 좋아요.

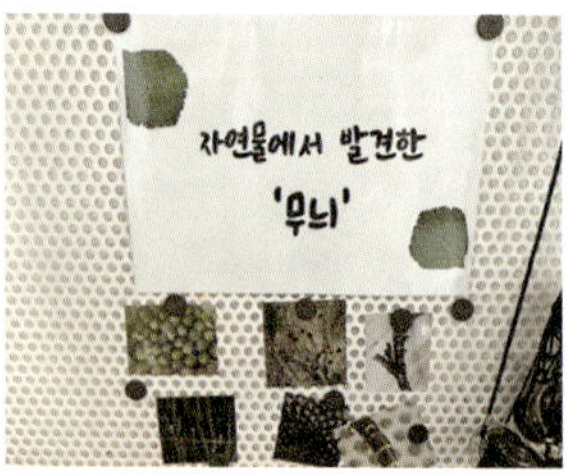

2

가위로 자르기

낙엽을 가위로 자르면 종이를 자르는 것과 또 다른 느낌이 있어요.
잎맥대로 자르기, 모양 보고 자르기, 작게 자르기, 펀치로 뚫기 등 여러 나뭇잎의 특징으로 자르기 놀이를 할 수 있지요.
자른 낙엽들을 색깔별로 모으면 나뭇잎 팔레트! 모아서 섞으면 낙엽 비빔밥!

▲ 낙엽 비빔밥

◀ 나뭇잎 팔레트

함께 보아요

관련 도서

팔랑팔랑 버들잎 여행

안네묄러 글, 그림/ 비룡소

떨어진 버들잎이 떨어져 무엇이 될까요?
한 장의 버들잎으로 무엇을 할 수 있을까요?
가지각색 열 장의 버들잎의 이야기를 통해 자연의 순환과 가치, 삶의 다양성을 배울 수 있습니다.

낙엽 속으로 풍덩!

캐럴거버 글, 레슬리에번스 그림/ 한솔수북

다양한 나뭇잎들의 모양과 색깔을 멋지게 그려낸 그림책입니다. 단풍을 들고 낙엽이 지는 이유가 무엇인지 설명이 잘 되어 있어 아이들과 함께 보기 좋습니다.

낙엽 스낵

백유연 글, 그림/ 웅진주니어

낙엽의 알록달록 고운 빛깔과 지글지글 낙엽이 구워지는 고소한 냄새와 바삭바삭 낙엽을 베어 먹는 소리와 바삭한 낙엽의 촉감과 낙엽 쿠키의 고소한 맛이 잘 표현되어 오감을 자극하는 가을 그림책입니다.

동영상

곱게 든 단풍잎으로 동물을 만들어 보세요. 도안도 받아보실 수 있답니다.

낙엽동물

https://youtu.be/ycY4Wp8hl5g?si=mhW-qM803QS0hYhX

그림책과 떠난 숲토리

놀이흐름도

『나뭇잎을 찾으면』을 읽고

반반 나뭇잎도 찾고

냠냠~ 맛있는 낙엽꼬치

으앗! 코피가 난다

낙엽 연상화

점프! 낙엽 뜀틀

디지털현미경으로 보는
낙엽의 세상

가위로 싹둑싹둑
낙엽 자르기

Chapter

9

겨울이 궁금한 곰

겨울소리_성민*

뽀득뽀득
눈 마사지 해주는 소리

휘잉휘잉
겨울 바람이 여행가는 소리

톡톡
눈이 땅 두드리는 소리

토독 토독
눈이 변신하는 소리

어? 이건 겨울소리 아닌데?
아! 겨울소리가 봄 소리로 변신했나 봐

* 세종에 살고 있는 초등학교 4학년 어린이- 토끼의 아들

겨울이 궁금한 곰

옥사나 불라 글, 그림/ 봄볕

여러분에게 겨울은 어떤 계절인가요?

흰 눈이 펑펑 내리는 날, 눈사람을 만들고 눈썰매를 타고 친구들과 눈싸움을 하던 겨울날의 추억. 꽁꽁 언 손을 호호~ 불어가며 따뜻한 코코아를 마시고, 눈 위에 난 발자국을 쫓아갔던 어린 시절의 모습이 떠오릅니다.

"잠자기 싫어! 난 겨울이 궁금하다고!"
"네가 겨울잠을 자야 겨울이 와!"

이 책은 겨울이 너무너무 궁금해 잠 못 드는 곰과 곰을 겨울잠 재우려는 나무 요정의 이야기입니다. 겨울잠을 자는 곰은 겨울이 어떤지, 어떤 일들이 펼쳐질지 너무나 궁금합니다. 그래서 겨울잠을 자지 않겠다고 버티죠. 마치 우리 아이들도 밤에 잠을 자기 싫어하는 것처럼요.

겨울이란 계절을 궁금해하고, 상상하면서 동화적인 접근을 하는 게 이 책의 가장 큰 매력이라 할 수 있습니다. 온 세상이 새하얀 눈으로 덮이면 무슨 재미난 일이 펼쳐질까요? 겨울이 궁금한 곰은 누굴 만날까요?

곰과 함께 겨울에만 만날 수 있는 동물들의 모습을 찾으러 가볼까요?

관찰 1

겨울의 숨은 보석… 서리, 얼음, 그리고 눈

코끝이 찡~한 겨울이어야만 만날 수 있는 서리, 얼음, 그리고 눈! 모두 물이 얼어서 변화되었는데 생김새도 촉감도 놀이할 수 있는 것도 다 다릅니다. 햇볕에 비치면 반짝반짝 신비한 빛을 보여주는 것이 꼭 보석 같아요. 겨울 주얼리샵으로 아이들과 함께 보석을 찾아 떠나보세요.

꽁꽁 언 얼음깨기 놀이

이글루 만들기

꽁꽁 언 얼음을 보면 너도 나도 할 것 없이 아이들은 얼음을 깨기 시작합니다. 발로 밟고, 나뭇가지로 찌르고, 돌로 부수는 과정이 놀이가 되어 얼음으로 집 짓기(이글루 짓기)로 이어지는 진정한 아이들만의 놀이가 탄생하죠.

눈밭을 온몸으로 뒹굴기

눈이 오는 날, 눈 도화지에 온몸으로 그리는 그림. 비료 포대 자루로 타는 눈썰매. '아무것도 필요하지 않아!' 온몸으로 구르며 노는 눈 위에서 뒹굴기. 눈이 와야 할 수 있는 놀이랍니다.

보석으로 다가온 서리꽃

따뜻한 날씨가 지속되다 갑자기 영하로 내려가면 만날 수 있는 서리. 그리고 햇볕과 만나면 소리 없이 사라지는 서리. 나뭇잎에 내린 서리를 찾아서 손으로 서리 없애기 놀이, 서리 긁어 얼음 모으기 놀이를 해보세요. 손 끝에 닿는 차가움과 동시에 사르르 녹아 물이 됩니다. 나의 온기가 꽁꽁 언 겨울을 녹여주는 것 같아 마음이 따뜻해져요.

잎 뒷면의 서리

서리도 내리는 곳에 따라 모양과 생김새가 달라져요. 잎 위에, 잎 가장자리에, 잎 뒤에 모습을 비교해 보는 즐거움도 있답니다.

루뻬로 본 얼음

루뻬로 본 눈 결정체

루뻬로 보는 겨울의 눈과 얼음은 어떤 모습일까요?
우리가 생각했던 결정체 그 모습일지 한번 관찰해 보세요.

관찰 2

겨울눈과 눈맞춤

복슬복슬 털이 가득한
목련겨울눈

가을을 지내며 잎을 다 떨구고 난 나무를 바라보면 가지 끝에 보이는 것이 있습니다. 동글동글, 뾰족뾰족 겨울눈이 있는 걸 볼 수 있어요. 여름부터 가을에 걸쳐 겨울을 지내기 위해 만드는 눈으로, 동아(冬芽)라고도 합니다. 겨울눈마다 생김새가 다 달라 관찰하는 재미도 있답니다.

따로 또 같이 있는 겨울눈

동글동글 꽃눈, 뾰족뾰족 잎눈, 2개의 겨울눈을 갖고 있는 생강나무

두꺼운 가죽옷을 입은 일본목련

매에~ 염소 같은 가래나무

가시가 뾰족뾰족 음나무

관찰 3

동물의 흔적 찾기

흰 눈이 덮인 숲을 걸어본 적 있나요? 하얀 눈 위에 발자국이 있어요. 누구 발자국일까요? 추운 겨울, 겨울잠을 자지 않는 동물들은 열심히 먹이를 찾아다니지요. 그 흔적들을 찾아볼까요?

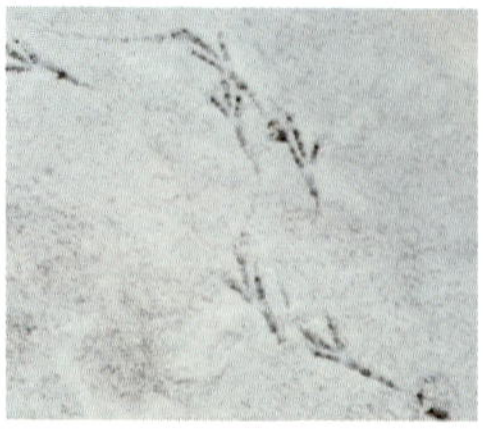

까치 발자국

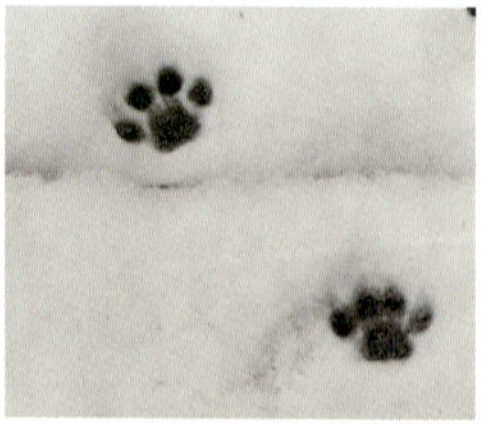

고양이 발자국

고라니똥

길쭉한 동그란 똥이 가득 모여있는 게 특징이에요. 똥의 굳은 정도를 보고 언제 쌌는지 추측해 볼 수 있어요.

새똥

새의 똥을 살살 헤쳐보면 어떤 열매를 먹었는지 알 수 있어요. 빨간색 똥에 하얀 씨가 가득한 걸 보니 찔레를 먹은 것 같아요.

곤충과 거미들은 저마다 겨울을 나는 방법이 달라요. 알로, 애벌레로, 번데기로, 성충으로… 곤충과 거미의 겨울나는 흔적을 찾아볼게요.

진흙을 발라 보호하는
꽃매미 알집

거품 같은 알을 낳는
넓적배사마귀 알집

거미줄로 칭칭 감고 나무껍질로
위장하는 무당거미 알집

추운 겨울 딱딱한 껍데기(고치)를 만들어 따뜻하고 안전하게 겨울을 나는 나방들이에요.

유리산누에나방 고치

밤나무산누에나방 고치

노랑쐐기나방 고치

숲에서 놀아요

놀이 1

겨울잠 자는 공간 꾸미기

곰이 편안하게 잠을 잘 수 있도록 낙엽으로 푹신한 침대를 만들어주고 낙엽 이불도 덮어줘요. 그런데 아이들마다 낙엽을 경험하고 싶은 정도가 다를 수 있으니 보자기를 준비하여 낙엽침대를 도톰하게 만든 뒤 그 위에 보자기를 깔고 위에 편안히 누워 하늘을 감상하게 해주세요.

TIP

- 낙엽이 낯설지만, 경험을 하고 싶은데 보자기가 없는 경우는 후드티나 외투의 모자를 착용 후 눕게 해주세요.
- 밤나무가 주변에 있다면 그 장소는 피해주세요. 낙엽 밑에 밤 가시가 숨어있어서 다칠 수 있으니 살펴봐 주세요.
- 보자기 외에 김장 비닐을 깔면 또 다른 느낌으로 만날 수 있어요.

놀이 2

겨울 놀이

곰이 잠들지 못하고 궁금해했던 겨울 놀이! 곰의 꿈속으로 들어가 신나게 겨울 놀이를 즐겨볼까요? 꿈속에서라도 신나는 겨울 놀이를 즐기면 곰이 편안히 겨울잠을 잘 수 있을 거예요.

눈이 오는 날에는 충분히 눈으로 즐기기!

눈물고기 낚시 놀이

같이 눈사람 만들래?

낙엽을 비닐(또는 양파망, 세탁망)에 담아 축구하기

낙엽 썰매

지퍼백에 낙엽 눈을 빵빵하게 담아서 눈뭉치를 표현해요. 팀을 나누어 낙엽 눈뭉치를 휙휙-던지며 눈싸움 놀이도 즐겨요.

숲에서 교실로…

1

얼음 오너먼트

혹한으로 숲에 가기도 어렵고 교실에만 있기도 아쉬운 겨울날!
가까운 실외 공간을 이용해 보세요. 다양한 모양의 통 속에 바닥에 떨어진 자연물과 물을 넣어 밖에 놓아두면 이렇게 예쁜 얼음 오너먼트가 되지요.
이 오너먼트를 주변 나무에 걸어두면 햇살이 비칠 때마다 반짝거려 더 아름다워요.

TIP

- 얼음을 얼릴 모양 통은 재활용품을 사용하면 탄소중립교육과 연계되어 더욱 의미가 있답니다.
- 투명한 색의 얼음 오너먼트도 멋지지만 천연염색 가루를 솔솔 뿌려 색깔물을 만들어 얼리면 더욱 화려한 작품이 되지요.

2

디지털 융합놀이… 겨울 숲 꾸미기

쌓기 영역에서 블록이나 상자 등 다양한 매체로 구성을 해보고 디지털기기(빔)를 활용해서 구성물에 비추면 계절마다 다른 모습과 색다른 겨울 풍경을 미디어아트로 감상할 수 있답니다.

봄

여름

가을

겨울

함께 보아요

관련 도서

누구 발자국일까?

멜리센트 E. 셀샘 외 글, 그림/ 비룡소

누가 이런 흔적을 남겼을까?
누가 여기서 무얼 먹었을까?
책을 통해 동물들의 발자국이 어떻게 다른지 관심을 갖게 되는 자연 관찰 그림책입니다.

겨울나무

김태영·이웅·윤연순 글/ 돌베개

겨울을 힘껏 살아나가는 '나무의 삶'을 담은 겨울나무 도감으로, 겨울눈뿐만 아니라 겨울눈이 자라나는 모습까지 담아 나무의 생태를 엿볼 수 있습니다.

동영상

겨울 숲에 가면

https://youtu.be/qQ8Jh7SFPhE?si=Mrq4P4DjPsyqDmbS

그림책과 떠난 숲토리

놀이흐름도

『겨울이 궁금한 곰』을 읽고

반짝반짝 서리도 찾고

겨울잠 자는 집도
만들어주자

슛~ 골인!
낙엽공으로 축구도 하고

얼음 오너먼트 만들기

털이 복슬복슬
겨울눈도 만났어요

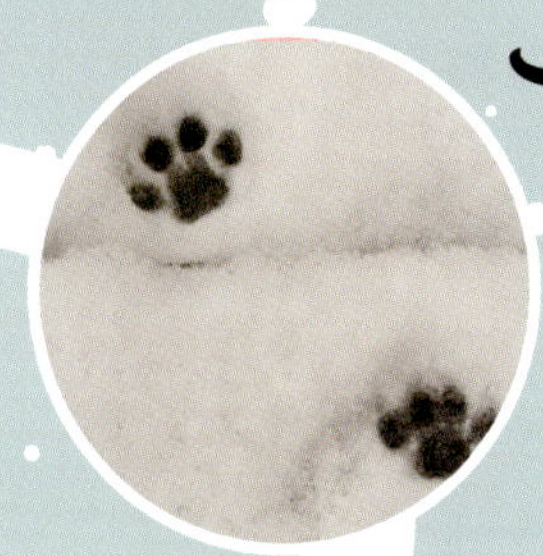

누구 발자국일까?
따라 가보자!

눈 오는 날
천사가 나타났다~

참고도서

겨울나무	김태영 외(2022)/ 돌베개
겨울눈 합창단 ふゆめ がっしょうだん	長 新太(1990)/ 福音館書店
겨울이 궁금한 곰	옥사나 불라(2017)/ 봄볕
곤충 개념도감	자연과생태(2009)/ 필통
기후위기인간	구희(2023)/ 알에이치코리아
꿈틀꿈틀 자벌레	레오리오니(2003)/ 파랑새어린이
나는 나뭇잎이야	안젤로 모칠로(2017)/ 현암주니어
나무 하나에	김장성(2007)/ 사계절
나무가 좋아요	김선남(2020)/ 풀과 바람
나뭇잎 도감	윤주복(2010)/ 진선BOOKS
나뭇잎은 어떻게 초록이 되나요	미아 포사다(2019)/ 풀과바람
나뭇잎을 찾으면	에이미시쿠로(2023)/ 피카주니어
낙엽 속으로 풍덩	캐럴거버, 레슬리에번스(2017)/ 한솔수북
낙엽 스낵	백유연(2019)/ 웅진주니어
내가 만난 나뭇잎 하나	윤여림, 정유정(2008)/ 파란의자
누구 발자국일까?	맬리센트 E. 셀샘 외(1998)/ 비룡소
다 같은 나무인 줄 알았어	김선남(2021)/ 그림책공작소
다람쥐는 모를 거야	천미진, 강은옥(2018)/ 키즈엠
달래네 꽃놀이	김세실, 윤정주(2015)/ 책읽는 곰
딩동~ 거미 도감	박지환(2017)/ 지성사
매일 놀이해도 괜찮아	김호 외(2019)/ 공동체
무당거미 알록이	보리(2008)/ 보리
민들레는 민들레	김장성(2014)/ 이야기꽃
민들레와 애벌레	김근희(2023)/ 길벗어린이
봄 속으로 풍덩	주미경, 김연주(2018)/ 키즈엠
봄 숲 놀이터	이영득, 한병호(2017)/ 보림
봄·여름·가을·겨울 곤충도감	한영식(2024)/ 진선아이

빨간 열매	이지은(2018)/ 사계절
세상의 많고 많은 초록들	로라 버커로 시거(2014)/ 다산기획
숲이 될수 있을까?	한유진(2017)/ 책고래
숲이 좋아요	김남길(2011)/ 바우솔
언제나 하늘	조미자(2020)/ 미래아이
열두달 자연놀이	붉나무(2008)/ 보리
여름숲 모뽀리 소리	우종영(2014)/ 파란자전거
예술가 거미	탕무니우(2020)/ 보림
와! 거미다	손윤한(2014)/ 지성사
으랏차차 흙	박주연, 이유정(2017)/ 길벗어린이
자연과 친구되는 사계절 흙놀이	양은희(2022)/ 북센스
장산범과 도토리	최정은, 전민걸(2023)/ 다림
주머니 속 거미 도감	이영보(2008)/ 황소걸음
참나무는 참 좋다	이성실, 권정선(2012)/ 비룡소
틈만 나면	이순옥(2023)/ 길벗어린이
팔랑팔랑 버들잎 여행	안네묄러(2011)/ 비룡소
풀잎국수	백유연(2020)/ 웅진주니어
피어나다	장현정(2023)/ 길벗어린이
휴, 다행이다	기술렌로망, 톰 샴프(2018)/ 푸른숲주니어
흙이 꾸는 꿈	황율(2022)/ 파란의자
흙이 좋아	개똥이(2021)/ 보리출판사

저/자/소/개

저자들은 모두 유아교육과를 전공했고, 숲과 그림책을 좋아하며 아이들을 만나고 있습니다.
모두 자연 이름이 있답니다.

- **박은실(방울꽃)**
  제주숲앤 대표
  아이랑숲 편집위원
  유아교육과 학사
  유치원 교사 및 부장교사(전)
  산림교육전문가(숲해설가)

- **오유미(병아리)**
  아이랑숲 대표
  사단법인 산생태교육연구소 이사
  유아교육과(학사)/ 아동가족학(박사수료)
  유치원 교사 및 원감·대학 강사(전)
  산림교육전문가(숲해설가)

- **권은경(토끼)**
  주식회사 온숲 대표이사
  아이랑숲 편집위원
  유아교육과 학사
  산림교육전문가(유아숲지도사)

- **한선희(이슬)**
  청심유치원 원장
  아이랑숲 편집위원
  유아교육과 석사
  그림책심리지도사
  교육부 주최 '놀이의 여정' 공동집필 참여
  대학 유아교육과 '영유아 놀이세미나' 강사

- **신윤희(팬더)**
  예쁨유치원 원감
  아이랑숲 편집위원
  유아교육학 석사
  산림교육전문가(숲해설가. 유아숲지도사)

그림책과 숲놀이

| 공저자 | 박은실 · 오유미 · 권은경 · 한선희 · 신윤희

| 1판 1쇄 | 발행 2025년 1월 15일
| 1판 2쇄 | 발행 2025년 5월 30일

| 발행인 | 김동훈
| 발행처 | **공동체**

| 주소 | 경기도 고양시 일산동구 호수로 358-39 동문타워 I 905호(백석동)
| 전화 | 031)814-3000(대표)
| 팩스 | 031)814-3100
| 홈페이지 | www.compub.co.kr
| 전자우편 | compub@naver.com
| 출판등록 | 2005년 10월 6일
| 등록번호 | 제396-2005-36호

| ISBN | 979-11-6725-821-2
정가 19,000원